ÄNGSTE EFFEKTIV BESIEGEN

42 wirksame Techniken zur Bewältigung von Angstzuständen. So finden Sie endlich Ihren inneren Frieden

DERICK HOWELL

© **Copyright 2020 - Alle Rechte vorbehalten.**

Der in diesem Buch enthaltene Inhalt darf ohne direkte schriftliche Genehmigung des Autors oder Herausgebers nicht reproduziert, vervielfältigt oder übertragen werden.

Unter keinen Umständen wird dem Verlag oder Autor die Schuld oder rechtliche Verantwortung für Schäden, Wiedergutmachung oder finanziellen Verlust aufgrund der in diesem Buch enthaltenen Informationen direkt oder indirekt übertragen.

Rechtliche Hinweise:

Dieses Buch ist urheberrechtlich geschützt und nur für den persönlichen Gebrauch bestimmt. Ohne die Zustimmung des Autors oder Herausgebers darf der Leser keinen Inhalt dieses Buches ändern, verbreiten, verkaufen, verwenden, zitieren oder umschreiben.

Haftungsausschluss:

Bitte beachten Sie, dass die in diesem Dokument enthaltenen Informationen nur zu Bildungs- und Unterhaltungszwecken dienen. Es wurden alle Anstrengungen unternommen, um genaue, aktuelle, zuverlässige und vollständige Informationen zu liefern. Es werden keine Garantien jeglicher Art erklärt oder impliziert.

Die Leser erkennen an, dass der Autor keine rechtlichen, finanziellen, medizinischen oder professionellen Ratschläge erteilt. Durch das Lesen dieses Dokuments stimmt der Leser zu, dass der Autor unter keinen Umständen für direkte oder indirekte Verluste verantwortlich ist, die durch die Verwendung der in diesem Dokument enthaltenen Informationen entstehen, einschließlich, aber nicht beschränkt auf Fehler, Auslassungen oder Ungenauigkeiten.

BONUSHEFT

Mit dem Kauf dieses Buches haben Sie ein kostenloses Bonusheft erworben.

In diesem Bonusheft „14 Tage Achtsamkeit" erhalten Sie bewährte Achtsamkeitstechniken, die Sie in Ihrem Alltag problemlos anwenden können, um mehr im gegenwärtigen Moment zu leben. Sie können damit täglich mehr Ruhe und Frieden in Ihr Leben bringen.

Alle Informationen darüber, wie Sie sich schnell dieses Gratis-Bonusheft sichern können, finden Sie am <u>Ende dieses Buches</u>.

Beachten Sie, dass dieses Heft nur für eine begrenzte Zeit kostenlos zum Download zur Verfügung steht.

INHALTSVERZEICHNIS

Einführung 1

Kapitel 1: Alles was Sie über Angst wissen sollten 3

Kapitel 2: Wie man die Gegenwart genießen kann, indem man Achtsamkeit einsetzt und somit Angstzustände verringert 19

Kapitel 3: Was tun, wenn die Angst eintritt? 27

Kapitel 4: Was tun, wenn Spannung, Stress und Angst herrschen? 37

Kapitel 5: Übermäßige Sorgen und übermäßiges Nachdenken überwinden 43

Kapitel 6: Wie man Nervosität und Angst in Aufregung verwandeln kann 49

Kapitel 7: Erstellen Sie Ihre persönliche Liste von freudigen Aktivitäten 65

Kapitel 8: Natürliche Heilmittel gegen Angstzustände 85

Kapitel 9: Wie man meditiert und Frieden findet 99

Kapitel 10: Tipps, wenn Sie eine Therapie in Anspruch nehmen möchten 111

Fazit 123

Verweise 125

Bonusheft 129

EINFÜHRUNG

Psychologische und psychische Gesundheitsprobleme betreffen viele Menschen in der heutigen Gesellschaft. In diesem Buch werden wir uns vor allem auf Angststörungen konzentrieren. Die Forschung zeigt, dass Angststörungen in der Bevölkerung inzwischen weit verbreitet sind. Sogar Sie könnten betroffen sein!

In diesem Buch lernen wir über Angststörungen, die Symptome verschiedener Angststörungen und einige Möglichkeiten, wirksam gegen die Angst in Ihrem Leben vorzugehen.

Die Angst an sich ist nicht schlecht. Manchmal kann Angst Leben retten, da sie unser Bewusstsein für die potenziellen Gefahren, unsere Sicherheit oder unseren Komfort im Leben erhöht. Sie ist ein evolutionäres Merkmal, das uns vor Gefahren schützen soll. Normalerweise funktioniert sie wie ein natürliches persönliches Alarmsystem, das uns motiviert, bedrohliche oder gefährliche Situationen zu vermeiden. Wenn Sie zum Beispiel ängstlich sind und die Energie auf positive Weise nutzen, haben Sie vielleicht einen zusätzlichen Adrenalinschub, um einen schwierigen Projekttermin einzuhalten. In normalen Fällen wie diesem soll die Angst eine vorübergehende Motivation sein, doch manchmal kann sie ihre normale Funktion überschreiten und Sie an unangenehme Orte führen.

Wenn die Angst überhandnimmt und wir nicht in der Lage sind, unseren erhöhten Geisteszustand zu kontrollieren, kann die Angst den Geist mit negativen Gedanken und Sorgen überfluten. Dies führt dazu, dass der Körper übermäßige Mengen an Stresshormonen freisetzt. Aufgrund des erhöhten Stresspegels können Sie nervös, überwältigt oder sogar körperlich krank werden.

Wenn dies geschieht, sind Sie möglicherweise verwirrt darüber, was mit Ihrem Körper und Ihrem Geist geschieht. Seien Sie versichert, Sie sind nicht alleine damit! Viele Menschen leiden unter Angstzuständen und wir helfen Ihnen, zu erfahren, wie Sie sich unter Angstzuständen fühlen und was Sie tun können, um die Auswirkungen der Angst auf Ihr Leben zu minimieren.

Dieses Buch wird dazu beitragen, die Fakten über Angst zu klären und Ihnen nützliche Hilfsmittel geben, die Ihnen helfen, mit Angstzuständen umzugehen. Wenn Sie an extremen Angstzuständen leiden und über die Auswirkungen von Angst auf Ihre Gesundheit besorgt sind, sollten Sie in Erwägung ziehen, einen Arzt zu konsultieren, anstatt sich auf Selbstdiagnose und Selbstbehandlung zu verlassen.

KAPITEL 1:

Alles was Sie über Angst wissen sollten

Stress ist ein natürlicher Bestandteil des Lebens, aber manchmal kann es sein, dass unser Körper Stress nicht gut verkraften kann. Manchmal kann Stress zu Angst werden. Angst kann eine hilfreiche, natürliche Reaktion auf Stress sein. Sie kann als ein Gefühl der Furcht oder der extremen Besorgnis klassifiziert werden. Vielleicht haben Sie Angst vor dem, was jetzt oder in der Zukunft passieren wird. Als Kind hatten Sie vielleicht Angst vor dem ersten Schultag. Als Elternteil sind Sie vielleicht besorgt über den ersten Schultag Ihres Kindes und darüber, wie es ohne Sie zurechtkommen wird. Wenn Sie zu einem Vorstellungsgespräch gehen, sind Sie vielleicht gestresst und besorgt über Ihr Auftreten. In den meisten Fällen werden die Menschen aus verschiedenen erklärbaren Gründen nervös. Diese Angst ist normal und natürlich, und die meisten Menschen können sie gut genug kontrollieren, um zu Hause, am Arbeitsplatz und in der Gesellschaft erfolgreich zu funktionieren. Manche Menschen erleben jedoch extreme Angstzustände und haben Schwierigkeiten, damit umzugehen. Solche Gefühle können Ihr Leben drastisch beeinträchtigen und darauf hinweisen, dass Sie eine Angststörung haben.

Was ist Angst?

Angststörungen werden von der amerikanischen Psychiatric Association (APA/Parekh, 2017) als eine der häufigsten Arten von emotionalen Störungen klassifiziert. Angst betrifft sowohl Kinder als auch Erwachsene und hat keine rassischen oder geschlechtsspezifischen Grenzen.

Wie wir bereits feststellen konnten, haben Menschen manchmal Angst vor Dingen, die geschehen sind, gerade passieren oder geschehen werden. Es ist normal, sich zu wundern und sich Sorgen zu machen. Es ist natürlich, dass man sich Sorgen macht, wenn man in ein neues Zuhause umzieht, eine Prüfung ablegt oder ein Vorstellungsgespräch für eine neue Arbeitsstelle hat. Ein solcher Stress und eine solche Angst können unangenehm sein, aber die meisten Menschen können damit umgehen. Vielleicht motiviert es sie sogar, härter zu arbeiten. Normale Ängste kommen und verschwinden wieder und beeinträchtigen das Leben nicht sehr stark.

Menschen mit Angststörungen hingegen können in ihrem Leben von Angst und Sorgen überwältigt werden. Die Intensität der Gefühle kann sie emotional, psychisch und körperlich schwächen. Wenn Angst und ein Zustand ständiger Verzweiflung auf Sie einwirken, sind Sie möglicherweise nicht in der Lage, ein normales und gesundes Leben zu führen. Die Angst kann Ihr Leben so stark beeinträchtigen, dass Sie nicht in der Lage sind, Veranstaltungen und Aktivitäten mit Ihrer Familie, Ihren Freunden oder Kollegen zu genießen. Manche Menschen sind nicht in der Lage, an Veranstaltungen teilzunehmen, einzukaufen, die Straße zu überqueren, mit dem Aufzug zu fahren oder sogar ihre Wohnung zu verlassen. Angst kann eine Reihe von lähmenden Symptomen, wie Panik, Schwitzen, Herzklopfen und Krankheit, hervorrufen.

Wenn Sie jedoch lernen, diese Gefühle zu kontrollieren und zu bewältigen, können Sie die Angst überwinden und ein erfülltes und normales Leben führen.

Wenn Sie unter Angst leiden, ist es wichtig zu wissen, welche Art von Angststörung Ihr Leben beeinflusst. Dieses Wissen wird Ihnen helfen, Ihre Symptome und Auslöser zu identifizieren und zu verstehen, was Sie tun müssen, um diese zu bewältigen.

Sind nicht alle Angststörungen gleich?

Es gibt eine Vielzahl unterschiedlicher Angststörungen und diese sind nicht alle gleich, auch wenn sie ähnlich erscheinen. Sie alle machen einen Menschen unfähig, mit den normalen Dingen zurechtzukommen, die das Leben für uns bereithält. Diese Störungen haben einzigartige Eigenschaften. Eine Angstreaktion kann durch etwas Bestimmtes ausgelöst werden oder ein permanenter zugrundeliegender Faktor im Leben eines Menschen sein. Je nach Art der Angststörung kann die Auswirkung auf das Leben einer Person von einem geringfügigen andauernden Problem bis hin zu einer völligen Funktionsunfähigkeit reichen. Der Schweregrad der Störung ist von Person zu Person unterschiedlich. Je nach Schweregrad der Symptome kann die Angst einen gravierenden Einfluss auf das Leben des Betroffenen und seiner Umgebung, insbesondere seiner Angehörigen, haben. Es gibt viele Angststörungen, die kategorisiert und beschrieben worden sind. Einige der häufigsten werden im Folgenden erläutert.

Generalisierte Angststörung

Menschen mit einer generalisierten Angststörung erleben übermäßige Angst und machen sich ständig Sorgen über viele Dinge, einschließlich ihrer Gesundheit, ihrer täglichen Aktivitäten und Routinen, ihrer sozialen und beruflichen Interaktionen und der Umstände, die unerwartet auftreten können. Wenn Sie eine generalisierte Angststörung haben, werden Sie von Ihren Freunden und Ihrer Familie wahrscheinlich als „Sorgenkind" betrachtet. Sie gehen wahrscheinlich die bevorstehenden Ereignisse in Ihrem Kopf noch einmal durch und versuchen, all die Dinge herauszufinden, die schiefgehen könnten. Vielleicht sind Sie wegen allem nervös und haben Schlafprobleme, weil Ihnen Ihr Verstand mit all den Sorgen, die Sie haben, keine Ruhe gibt. Sie sind vielleicht angespannt und gereizt und fühlen sich ständig zerbrechlich, während Sie versuchen, den Alltag zu bewältigen.

Soziale Angststörung

Dies ist ein Zustand, in dem sich Menschen dann übermäßig viele Sorgen machen, wenn sie sich in sozialen Situationen befinden. Sie fürchten sich vielleicht davor, mit Fremden oder der Familie zu interagieren, weil sie Angst haben, beurteilt zu werden, „das Falsche zu sagen" oder unangemessen gekleidet zu sein. Vielleicht haben sie Furcht vor Peinlichkeiten. Menschen mit sozialen Ängsten neigen dazu, Situationen, wie Partys, Versammlungen und andere Veranstaltungen, bei denen sie mit Menschen umgehen müssen, zu vermeiden. Solche Menschen neigen dazu, unter einer selbst auferlegten Isolation zu leiden. Dies wird auch als *soziale Phobie* bezeichnet, bei der man von den Erwartungen in einer sozialen Situation überfordert ist. Sie denken vielleicht ständig daran, sich lächerlich zu machen oder ähnliches. Manchmal kann sich diese Form von Angst als Furcht davor manifestieren, von zu Hause oder von unseren Freunden und unserer Familie getrennt zu sein, aber meistens ist sie mit der Angst vor dem Umgang mit anderen verbunden.

Panikstörung

Menschen mit einer Panikstörung neigen dazu, unter Episoden intensiver Angst und Betroffenheit zu leiden, die in der Regel ganz plötzlich auf sie zukommen. Diese Episoden werden als „Panikattacken" bezeichnet. Eine Panikattacke kann unerwartet auftreten und durch einen Gegenstand oder eine Situation ausgelöst werden, die eine Person fürchtet. Dabei handelt es sich um eine Störung, bei der Ihr Körper die Kontrolle übernimmt und Sie eine körperliche Reaktion als Folge des Stresses erleben. Unter anderem können Sie beginnen zu hyperventilieren, Herzklopfen oder Brustschmerzen empfinden, körperlich krank werden, hysterisch weinen, Hitze- und Kältewallungen haben oder einen echten Schrecken erleben. Panikattacken lösen in uns die sogenannte „Erstarren, Kämpfen oder Fliehen"-Reaktion aus. Es kann sein, dass Sie bis zu dem Moment, bevor es passiert, mit einer Situation zurechtkommen, dann aber von einer lähmenden

Panikattacke niedergeschlagen werden, die Sie daran hindert, weiterhin angemessen zu reagieren. Eine Person, die häufig Panikattacken hat, lebt vielleicht in der Angst, Ereignisse zu planen oder neue Dinge auszuprobieren. Sie befürchten, dass sie in letzter Minute oder irgendwann, z. B. während einer Veranstaltung, eine Panikattacke erleiden könnten.

Posttraumatische Belastungsstörung (PTBS)

PTBS ist eine Angststörung, an der viele Menschen leiden. Manche denken, dass PTBS nur Militärangehörige betrifft, die eine Schlacht erlebt haben. In Wirklichkeit ist es jedoch eine Störung, die jeden betreffen kann, der ein prägendes traumatisches Ereignis erlebt hat. Nicht jeder, der ein traumatisches Ereignis erlebt hat, leidet an PTBS, aber PTBS ist immer eine Folge der Erfahrung bedeutender negativer Ereignisse.

Obwohl folgende Aufzählung keineswegs vollständig ist, finden Sie hier einige Beispiele von Ereignissen, die zu einer PTBS führen können. PTBS kann vorkommen, wenn Sie im Krieg gewesen sind, körperlich und/oder sexuell missbraucht wurden, einen Unfall erlitten haben, ein Kind verloren haben, emotional oder körperlich missbraucht wurden oder etwas Schreckliches gesehen haben.

PTBS kann eine Vielzahl von Schwierigkeiten für diejenigen verursachen, die daran leiden. Es gibt ein Muster wiederkehrender invasiver Gedanken. Diese Gedanken sind in der Regel eine Wiederholung des gesamten oder eines Teils des traumatischen Ereignisses. Diese Gedanken können dann auftreten, wenn Sie es am wenigsten erwarten und sie können die ganze Welt für Sie zum Stillstand bringen. Es kann auch sein, dass Sie unter Angst und/oder Depressionen leiden, schwer schlafen können, übervorsichtig sind und durch Situationen oder Geräusche leicht in einen Zustand der Angst, Panik oder Bedrängnis, Unentschlossenheit oder in einen fast katatonischen Zustand geraten oder nicht in der Lage sind, Ihre Wohnung zu verlassen. Möglicherweise sind Sie nicht in der Lage, bei der Arbeit, zu Hause oder in der Gemeinschaft zu interagieren, weil Sie nicht mit den

Stressfaktoren, denen Sie ausgesetzt sind, umgehen können. Sie sind vielleicht so sehr blockiert, dass Sie bestimmte Orte nicht aufsuchen oder bestimmte Dinge nicht tun können, weil diese Sie zu sehr an das vergangene Trauma erinnern.

Auch wenn Sie genau „wissen" oder es von anderen gesagt bekommen, dass Ihre Reaktion auf Ihre aktuelle Situation in keinem Verhältnis dazu steht, sind Sie unfähig, Ihre Reaktion zu kontrollieren.

Spezifische Phobie

Spezifische Phobien wurzeln in einer intensiven Angst vor bestimmten Dingen, Situationen oder Orten. Eine Phobie zu haben, ist mehr als nur Angst vor etwas zu haben. Eine Phobie ist wie eine Angst, die so extrem ist, dass man nicht in der Lage ist, sich selbst davon zu überzeugen, die Angst zu überwinden. Andere Menschen versuchen vielleicht, Sie davon zu überzeugen, dass „es nichts gibt, wovor man sich fürchten muss", aber offensichtlich empfinden diese Menschen nicht die gleiche Panik und Angst, die Sie, angesichts der Sache, des Ortes oder der Situation, überkommt. Dabei ist es unerheblich, ob eine tatsächliche Gefahr davon ausgeht oder nicht. Höhenangst, Flugangst, Aufzüge, Schlangen oder Hunde sind Beispiele für eine allgemein verbreitete Phobie. (In diesem Zusammenhang sprechen wir nicht über spezifische soziale Phobien wie Homophobie, Fremdenfeindlichkeit oder andere Ängste hinsichtlich Personen, die sich von anderen Menschen unterscheiden.)

Krankheits-Angst-Störung

Dies ist ein Zustand, in welchem eine Person ständig in der Angst lebt, krank zu werden oder bereits krank zu sein. Immer dann, wenn sie eine geringfügige Veränderung in ihrer wahrgenommenen Gesundheit feststellt, kann sie sich davon überzeugen, dass es sich um die Erscheinungsform einer schweren Krankheit handelt. Dies kann zu anderen Verhaltensweisen führen, wie z. B. zu einer Besessenheit mit Gedanken an den Tod durch Krankheit, häufige Selbstuntersuchung und Selbstreflexion über den Zustand des Körpers, wie sich der Körper anfühlt und wie er funktioniert. Zudem kann es auch zu Selbstdiagnosen und -behandlungen und/oder ungewöhnlich häufigen Besuchen beim Arzt oder in der Notaufnahme führen. Dieser Glaube an die Krankheit bleibt meist auch dann bestehen, wenn ein Arzt die Person untersucht und speziell bestätigt, dass sie nicht krank ist. Diese Störung wird auch als *Hypochondrie* bezeichnet.

Haben Sie Symptome von Angstzuständen?

Obwohl es viele Arten von Angststörungen gibt, haben Sie vielleicht einige Ähnlichkeiten zwischen diesen festgestellt. Jede Person erlebt Angst auf ihre eigene persönliche Art und Weise. Es gibt jedoch einige Symptome und Reaktionen, die bei den Betroffenen besonders häufig auftreten. Diese Gefühle können kontrollierbar sein oder Ihr tägliches Leben stören und Sie in Ihrer Fähigkeit beeinträchtigen, sich zu erfreuen.

Je nach Störung, die Sie haben und je nachdem, in welchem Ausmaß Sie diese betrifft, können Sie eine Vielzahl emotionaler und körperlicher Symptome und Reaktionen erleben. Es kann sein, dass Sie emotional nicht in der Lage sind, mit einem bevorstehenden Ereignis umzugehen. Sie können von Selbstzweifeln geplagt sein, sich außer Kontrolle fühlen, anfangen zu weinen oder ängstlich oder gar panisch sein. Körperlich können Sie Reaktionen haben, die von Schmetterlingen im Bauch bis hin zu Herzrasen, Hitzewallungen, Kältegefühl und sogar Erbrechen reichen. Sie könnten sogar eine vollständige Trennung zwischen Körper und Geist verspüren.

Einige häufige Symptome allgemeiner Angstzustände sind:

- Schwierigkeiten beim Einschlafen, weil man nicht aufhören kann nachzudenken

- Unruhe und das Gefühl, dass immer etwas passieren wird

- Ein Gefühl des Schreckens oder der Besorgnis über die Gegenwart oder die Zukunft
- Schwierigkeiten, sich zu freuen aufgrund von Gefühlen der Sorge und Angst
- Erhöhte Herzfrequenz und Herzrasen, das plötzlich auftritt, wenn man an etwas denkt oder versucht, etwas zu tun
- Konzentrationsschwierigkeiten, weil zu viele Gedanken durch den Kopf rasen
- Schnelles Atmen oder Hyperventilieren, wenn man mit einem Gedanken oder einer Situation konfrontiert wird

Wie bereits angedeutet, können einige oder alle diese Symptome in unterschiedlicher Intensität auftreten. Es gibt viel extremere Symptome der Angst, einschließlich Panikattacken, Alpträume und beunruhigende aufdringliche Gedanken, die Sie nicht kontrollieren können. Es kann sein, dass Sie völlig unfähig sind, an bestimmte Orte zu gehen oder bestimmte Dinge zu tun, weil Sie nicht in der Lage sind, die extremen Symptome zu kontrollieren. Manche Menschen können sogar in einen dissoziativen Zustand geraten, in welchem sie sich ihrer Handlungen nicht bewusst sind.

Hatten Sie schon einmal einen Angstanfall?

Sind Sie schon einmal mit einer Situation konfrontiert worden, die dazu geführt hat, dass Sie sich völlig von Gefühlen, wie Angst, Panik oder Verzweiflung, überwältigt fühlten? Hat sich dieses Gefühl mit der Zeit aufgebaut oder ist es von einer leichten Sorge zu einem fast panikartigen Zustand übergegangen? Wenn Sie die Fragen mit „Ja!" beantworten können, dann hatten Sie vielleicht eine Angstattacke.

Der äußere Ausdruck einer Angstattacke kann von Person zu Person sehr unterschiedlich sein und auch die Gefühle, Symptome und Verhaltensweisen desjenigen, der die Attacke hat, können sich unterscheiden. Die Symptome der Angst können bei jedem Menschen unterschiedlich auftreten. Die Symptome können sich auch im Laufe der Zeit ändern, wenn die Störung fortschreitet, sich zurückbildet oder die Situation verschiedene Stadien der Auflösung erreicht.

Häufige Symptome sind ähnlich wie bei der allgemeinen Angst, aber eine Angstattacke kann auch spezifische Symptome umfassen, wie folgende:

- Sorge und Besorgnis über bevorstehende Situationen
- Unruhe und andauerndes Bestreben, alles zu erledigen
- Besessenheit vom Nachdenken über den möglichen Ausgang aller Ereignisse
- Kurzatmigkeit und Hyperventilation beim Nachdenken über die bevorstehenden Aufgaben
- Sich schwindelig, unausgeglichen oder überwältigt fühlen, was bis hin zu emotionaler Ermüdung führen kann
- Hitzewallungen mit Schweißausbrüchen oder kaltem Schüttelfrost (oder mit beidem)
- Mundtrockenheit oder andere körperliche Beschwerden, wie Kopfschmerzen oder Magenerkrankungen
- Angst vor Menschen, Orten oder dem Ausgang von Situationen
- Verzweiflung oder Überempfindlichkeit gegenüber dem, was geschieht oder geschehen könnte

Sind Angstzustände und Panikattacken dasselbe?

Angst- und Panikattacken haben zwar einige gemeinsame Symptome, aber sie sind nicht dasselbe. Der Unterschied ist am leichtesten zu verstehen, wenn man die Zeit betrachtet, die diese zur Entwicklung benötigen.

Eine Angstattacke entwickelt sich progressiv und wird in der Regel durch ein bevorstehendes Ereignis oder eine sich entwickelnde Situation mit ungewissem Ausgang ausgelöst. Bei vielen Menschen kann eine Angstattacke von einer leichten Besorgnis zu besonders akuten, nicht kontrollierbaren Reaktionen übergehen. Diese Reaktionen können so heftig sein, dass die Person, trotz ihres ursprünglichen Anscheines von Ruhe oder Kompetenz, nicht in der Lage ist, mit dem Ereignis umzugehen.

Im Vergleich dazu ist eine Panikattacke eine direkte, akute und plötzliche Reaktion auf eine Situation, einen Gedanken oder ein Ereignis. Sie baut sich nicht im Laufe der Zeit zu einem Panikzustand auf, sondern der Panikzustand überfällt die Person ganz plötzlich. Eine Panikattacke ist eine körperliche Reaktion auf einen emotionalen Zustand extremer Verzweiflung über die aktuelle oder kurz bevorstehende Situation. Zum Beispiel sind Sie vielleicht schon angezogen und bereit, hinauszugehen und freuen sich auf etwas, und dann werden Sie plötzlich von Krankheitsgefühlen überwältigt, Sie beginnen zu hyperventilieren oder zu weinen, während Sie sich auf die Abreise vorbereiten. Vielleicht verstehen Sie nicht, wovor Sie sich fürchten, aber Sie sind nicht in der Lage, sich vorwärts zu bewegen, weil sich plötzlich körperlich lähmende Panik manifestiert.

Was verursacht Angst?

Es gibt viele Theorien darüber, was Angststörungen verursacht. Einige sind nachsichtiger als andere, wenn es darum geht, die Schuld für die Störung auf die Person zu schieben, die die Störung hat. Forscher haben verschiedene Ursachen und Behandlungen thematisiert, aber niemand ist sich ganz sicher, warum manche Menschen leiden und andere nicht.

Im Falle einer posttraumatischen Belastungsstörung können die meisten Menschen verstehen, dass ein schwer traumatisierendes Ereignis eine Angststörung verursachen kann. Sie verstehen, dass ein extremes Trauma dauerhafte Auswirkungen auf die Psyche hat und dass sich diese Auswirkungen in Symptomen und Verhaltensweisen manifestieren können, die schwer zu bewältigen sind.

Wenn die Ursache-Wirkungs-Kausalität nicht so offensichtlich ist, kann es schwierig sein, zu erklären oder gar zu verstehen, warum wir diese Symptome und Verhaltensweisen haben. Die Ärzte sind immer noch dabei, die psychische Gesundheit umfassend zu verstehen und es werden weiterhin Studien durchgeführt. Es gibt viele Theorien, aber es besteht allgemein Einigkeit darüber, dass eine Kombination verschiedener Faktoren die Wahrscheinlichkeit einer Person beeinflussen kann, eine Angststörung zu entwickeln. Einige Faktoren sind genetisch bedingt und umfassen die Chemie im Gehirn oder vererbte Krankheiten. Es ist auch bekannt, dass Hirnverletzungen das Gehirn so schädigen können, dass es nicht mehr in der Lage ist, Stress in einer überschaubaren Weise zu verarbeiten. Einige Verhaltensweisen werden durch Umweltfaktoren verursacht, wie z. B. das Leben an einem gefährlichen Ort. Andere sind eine direkte Folge von Erfahrungen, die negative Folgen für uns hatten. Die Forscher wissen, dass es einige Bereiche im Gehirn gibt, die für die Kontrolle der Angst verantwortlich sind und dass die Person infolgedessen Angststörungen entwickeln kann, wenn diese Bereiche betroffen sind.

Im Allgemeinen ist man sich einig, dass Angst eine Reaktion auf Stressfaktoren in unserem Leben ist. Stress spielt hier eine bedeutende Rolle.

Angst und Stress

Stress und Angst haben einen direkten Zusammenhang. Stress entsteht in der Regel durch die Anforderungen des Gehirnes an eine Situation. Wenn es die Situation bewertet, wird eine Entscheidung getroffen, entweder mit der Situation einverstanden zu oder „gestresst" zu sein. Wenn man sich über etwas Sorgen macht und sich dies zu Stress entwickelt, kann Angst die weitere Folge davon sein. Stress wird durch eine Situation verursacht, in der Sie sich unwohl oder besorgt fühlen. Wenn der Verstand nicht in der Lage ist, den Stress auf gesunde Weise aufzulösen, kann sich daraus Angst entwickeln. Diese Angst ist ein ernstzunehmender Ausdruck des emotionalen und physischen Zustandes von extremem Stress.

Angst und Stress haben viele gleiche emotionale und körperliche Symptome. Aber diejenigen, die Angst haben, können den Stress nicht auflösen und nicht aufhören sich Sorgen zu machen. Manche Menschen können mit Stressfaktoren umgehen, andere wiederum haben Angststörungen, bei denen sie unfähig sind, mit Stress umzugehen, was sich wiederum auf ihre emotionale und körperliche Gesundheit auswirkt.

Stress und Angst können schlimm sein, aber sie können auch unseren Körper und unseren Geist aktivieren, um härter arbeiten zu können und um uns das Adrenalin zu geben, das wir brauchen, um „es durchzustehen", „es durchzuziehen" oder „es zu schaffen". Zudem können sie auch dafür sorgen, dass Sie sich der Gefahren um Sie herum bewusst werden und Vorsichtsmaßnahmen treffen. Wenn Stress und Angst jedoch in einer Weise andauern, die Ihre Freude an den Aktivitäten Ihres Lebens beeinträchtigt, haben Sie möglicherweise eine Angststörung entwickelt.

Wie wird Angst diagnostiziert?

Viele Menschen wissen, dass sie Angst haben, sind sich aber unsicher, ob sie tatsächlich an einer Angststörung leiden. Es gibt keinen Test zur Diagnose von Angststörungen. Stattdessen erfordert die Diagnose einer Angststörung in der Regel eine langwierige Untersuchung durch eine psychiatrische Fachkraft.

Evaluationen psychischer Gesundheit werden durch Gespräche, Fragen, Antworten und die Verwendung von psychologischen Fragebögen durchgeführt. Die Verwendung eines Fragebogens ermöglicht es dem psychiatrischen Fachpersonal, Ihre Symptome auf einer standardisierten Skala zu bewerten. Die Fragen werden verwendet, um Depressionen, Wut, Manie, Angst, wiederkehrende

Gedanken usw. zu bewerten, um dann den Patienten auf der Grundlage seiner Antworten zu klassifizieren.

Einige Ärzte empfehlen oder führen auch körperliche Untersuchungen durch, einschließlich Urin- und Bluttests, um gesundheitliche Grunderkrankungen auszuschließen, die zu Ihren Symptomen beitragen könnten.

Angst in Kombination mit anderen Störungen

Manchmal gibt es komplexere Fälle der psychischen Problematik. Es kommt recht häufig vor, dass eine Angststörung in Kombination mit anderen Erkrankungen, wie z. B. mit Depressionen, auftritt.

Depression

Wenn Sie eine Angststörung haben, können Sie auch an einer Depression leiden. Sowohl Angst als auch Depression beeinflussen die Fähigkeit des Geistes und des Körpers, Freude zu empfinden. Die Symptome einer Depression können sich verschlimmern, wenn sie durch die Symptome einer Angststörung ausgelöst werden. Eine Person kann depressiv sein, weil sie ihre Angst nicht kontrollieren kann und das Gefühl hat, in der Gesellschaft nicht zu funktionieren. Eine Person kann ängstlich sein, weil sie aufgrund ihrer Depression Angst davor hat, mit anderen zu interagieren, die sie wegen ihres Zustandes beurteilen könnten. Sowohl bei Depressionen als auch bei Angstzuständen kann eine Beeinträchtigung der eigenen Funktionsfähigkeit professionelle Hilfe erfordern, um diese richtig behandeln zu können.

Zusammenfassung des Kapitels

In diesem Kapitel haben wir gelernt, dass Stress und Angst natürliche Reaktionen des Körpers sind, wenn wir mit einer herausfordernden Situation konfrontiert werden. Das Nervensystem besitzt eine natürliche, evolutionäre Reaktion auf potenzielle Gefahren, die als „Erstarren, Kämpfen oder Fliehen" bezeichnet wird. Diese wird ausgelöst, wenn der Körper Adrenalin und das bekannte Stresshormon Cortisol freisetzt. Angst ist eine natürliche Reaktion des Körpers auf Stress. Wenn die Reaktion auf den Stressfaktor jedoch zu extrem wird, kann dies auf das Vorhandensein einer Angststörung hinweisen.

Wir haben auch erfahren, wie man Angststörungen erkennt, wie verschiedene Angststörungen definiert werden und welche Ähnlichkeiten bzw. Unterschiede sie aufweisen. Vielleicht haben Sie sich gefragt, ob Sie unter einer Angststörung leiden und wenn ja, welche Symptome Sie haben. Obwohl jeder Mensch Angst im Kontext seiner eigenen Erfahrung erlebt, gibt es viele Ähnlichkeiten in den allgemeinen Symptomen, die von den Betroffenen von Angststörungen erlebt werden. Die Reaktionen können emotional und/oder körperlich sein und reichen von schneller Atmung oder Hyperventilation, erhöhter Herzfrequenz (einschließlich Herzklopfen), Hitze- und Kältewallungen, die oft von Schwitzen begleitet werden, über invasive Gedanken, die nicht beiseitegelegt werden können, bis hin zu ständiger Sorge oder Angst und Schlafschwierigkeiten aufgrund von rasenden Gedanken. Sie können sogar andere körperliche Symptome, wie Krankheit, Katatonie, Ausschläge, Weinen oder hysterische Panik, verspüren.

Angststörungen sind noch nicht vollständig erforscht, aber die Wissenschaft der psychischen Gesundheit entwickelt sich stets weiter. In einigen Fällen gibt es leicht zu erklärende Lebenserfahrungen, die zu einer Angststörung führen können. In anderen Fällen gibt es scheinbar keine Erklärung dafür, warum manche Menschen betroffen sind und andere nicht. Eine verlässliche Diagnose einer bestimmten Angststörung erfordert die Zusammenarbeit mit einer psychiatrischen Fachkraft. Wenn Sie eine psychische Erkrankung haben, die sich negativ auf Ihr Leben auswirkt, sollten Sie sich an eine Fachkraft wenden, die Ihre Diagnose und Behandlung kontrollieren kann.

Wenn Sie nun mit einem allgemeinen Verständnis von Angststörungen vertraut und sich nicht sicher sind, ob Sie jetzt professionelle Hilfe in Anspruch nehmen sollten, können die folgenden Informationen und Hilfsmittel bei der Bewältigung der Angst in Ihrem Leben von großem Nutzen sein.

In den folgenden Kapiteln lernen Sie eine Vielzahl verschiedener Techniken kennen, die Sie im Umgang mit Angst einsetzen können.

KAPITEL 2:

Wie man die Gegenwart genießen kann, indem man Achtsamkeit einsetzt und somit Angstzustände verringert

Es ist bewiesen, dass das Üben von Achtsamkeit dazu beitragen kann, die Symptome von Angst zu verringern. In diesem Kapitel erfahren Sie, wie Achtsamkeit definiert wird, wie die Angst vom menschlichen Bewusstsein beeinflusst wird, wie sich die Theorie und die Praxis der Achtsamkeit entwickelt haben und wie Sie sie nutzen können, um mit der Angst in Ihrem Leben umzugehen.

Was ist Achtsamkeit?

Die Praxis der modernen Achtsamkeit hat ihre Wurzeln in alten buddhistischen Traditionen. Achtsamkeit erfordert, dass ein Individuum im Augenblick präsent ist und die Gedanken beiseitelegt, die den Geist von der Erreichung des angestrebten Zieles ablenken.

Achtsamkeit ist ein Zustand des nicht wertenden Bewusstseins über uns selbst und andere. Lassen Sie uns dieses sehr wichtige Konzept einmal genauer ansehen.

Achtsamkeit basiert auf Akzeptanz und Bewusstsein seiner selbst. Entwickeln Sie ein Bewusstsein für Ihre inneren Erfahrungen, Gedanken, Überzeugungen und Prozesse. Dieses Bewusstsein und diese Überlegung müssen ohne Beurteilung erfolgen. Je nachdem, was Sie in Ihrem Leben erlebt haben, werden Sie unterschiedliche Dinge berücksichtigen.

Die Rolle des menschlichen Bewusstseins

Sie fragen sich vielleicht, wie Achtsamkeit funktioniert? Um Achtsamkeit wirklich zu verstehen, müssen wir die Theorien über den Zustand des menschlichen Bewusstseins berücksichtigen. Es bedarf eines genauen Verständnisses des Bewusstseinszustandes, um zu verstehen, wie Achtsamkeit zu einer besseren allgemeinen psychischen Gesundheit beiträgt, insbesondere bei der Behandlung von Angststörungen.

Die „Bereiche des menschlichen Bewusstseins" werden diskutiert, thematisiert und beurteilt, seitdem sich Menschen fragen, was sie dazu bringt, so zu denken und zu handeln, wie sie es tun. Die aktuellen Überlegungen zu den Bereichen des Bewusstseins (Henriques, 2015) umfassen drei Hauptgebiete:

Experimenteller Bereich: Dieser Teil wird manchmal als Theater des Bewusstseins bezeichnet. Er wird durch unseren Zustand des Schlafes oder des Wachseins aktiviert und deaktiviert. Dieser Bereich basiert auf persönlichen Erfahrungen. Es ist der Bereich, der die Fakten dessen bewertet, was zu diesem Zeitpunkt tatsächlich geschieht oder in Betracht gezogen wird.

Privates Selbst: Dies ist der Teil Ihres Bewusstseins, der wie eine fortlaufende Erzählung berichtet, was mit Ihnen geschieht. Es bewertet die Situation durch die Betrachtung Ihrer persönlichen Erfahrung oder Weltanschauung.

Person: Dies ist die Seite von Ihnen, die Sie anderen zeigen. Ihre Person ist das, was Sie anderen bewusst zeigen und wie Sie sich mit Worten und Taten ausdrücken.

Das Bewusstsein kann zusätzliche Filter haben, die es ihm erlauben, die jeweilige Situation in unterschiedlichem Maße zu berücksichtigen. Zum Beispiel wird jeder Bereich des Bewusstseins von der Fähigkeit des Gehirns beeinflusst, einige Dinge zu ignorieren und sich auf andere zu konzentrieren. Wir können dies absichtlich oder unabsichtlich tun. Wir können eine Tatsache gegenüber einer anderen hervorheben oder ein mögliches Ergebnis gegenüber einem anderen. Wir können zwanghaft über ein mögliches Ergebnis nachdenken, obwohl andere Ergebnisse genauso wahrscheinlich sind. In ähnlicher Weise können wir bestimmte Dinge absichtlich ignorieren oder unterdrücken, um „darüber hinwegzukommen". Diese Filter schirmen den Verstand vom Gesamtbild ab. Einige Filter sollen das private Selbst vor der öffentlichen Person schützen. Zum Beispiel fühlen Sie sich vielleicht nicht wohl, wenn Sie alleine sind, sodass Sie sich an einem öffentlichen Ort auf Ihr Handy konzentrieren, anstatt mit anderen in Ihrer Umgebung zu interagieren oder einfach nur friedlich zu beobachten und zu erfahren, wo Sie sich in diesem Moment befinden. Ebenso sagen Sie den Leuten vielleicht, dass es Ihnen gut geht, obwohl Sie in Wahrheit sehr nervös sind und sich auf etwas vorbereiten, das bald passieren wird. Auf diese Weise versucht das menschliche Bewusstsein, uns vor den Dingen zu schützen, die uns Angst machen.

Die Bereiche des menschlichen Bewusstseins neigen also dazu, uns zu schützen. Wenn das Unterbewusstsein sich eines Traumas bewusst ist, kann es uns schützen, indem es Filter in Form von Blockaden in unseren Erinnerungen aufbaut, damit wir nicht regelmäßig mit unseren negativen Erfahrungen konfrontiert werden. Wenn Sie (bewusst oder unbewusst) traumatische Erinnerungen gewaltsam blockieren oder wenn Sie nicht wissen, wie Sie sich in Ihrem Leben fühlen, kann Ihr System instabil und durch Angst und Stress negativ beeinflusst werden. Aufgrund der Unbeständigkeit sind Sie möglicherweise nicht in der Lage, mit den Dingen in Ihrer Umgebung umzugehen, die diese Erinnerungen oder Gefühle auslösen. Diese Auslöser können Ereignisse, Orte oder Menschen sein, die Sie an ein Trauma erinnern.

Ihre persönliche Geschichte mit Achtsamkeit kontrollieren

Möglicherweise befinden Sie sich in einem Zustand ständiger Selbstbewertung und Selbstbeurteilung. Menschen mit Angststörungen tun das oft. Jetzt, wo Sie die Rolle des menschlichen Bewusstseins verstehen, welches uns diktiert, wie wir über die Welt um uns herum und unseren Platz in ihr denken, stellen Sie sich vor, wie all das ohne Selbstbeurteilung wäre! Das ist es, was die Achtsamkeit Ihnen ermöglicht.

Wenn wir uns einem vollen Spektrum von Gedanken über unsere Realität aussetzen, sodass die Gedanken nicht durch Verleugnung, Selbstkritik und Selbstbeurteilung gefiltert werden, haben wir ein besseres Verständnis von uns selbst und von anderen, was der Realität am nächsten kommt. Dieses Verständnis kann uns helfen, auf bestimmte Dinge in einer Weise zu reagieren, die nicht durch unsere negativen Überzeugungen über uns selbst oder durch die Situationen beeinflusst wird, in denen wir uns befinden oder die wir vorhersehen. Deshalb ist Achtsamkeit im Umgang mit Angst so hilfreich.

Die Kraft der Achtsamkeit

Achtsamkeitstechniken wurden verwendet, um eine Vielzahl von Angststörungen zu behandeln, darunter allgemeine Angststörungen und posttraumatische Belastungsstörungen sowie verwandte Erkrankungen, wie Depressionen und Zwangsstörungen.

Bereits 1979 wurden Programme wie *„Auf Achtsamkeit basierende Stressreduktion"* an der medizinischen Fakultät der Universität von Massachusetts eingerichtet, um das Studium und die Praxis der Achtsamkeit zu verfolgen. Der Schöpfer dieses Programmes, Jon Kabat-Zinn, baute auf seinen Studien des Zen-Buddhismus und des Yoga auf, um ein Konzept über Achtsamkeit zu entwickeln, das auch anderen gelehrt werden konnte. Er schrieb das Buch *„Full Catastrophe Living"*, in dem er das Bewusstsein von Augenblick zu Augenblick und die Berücksichtigung von

Dingen betonte, die wir normalerweise ignorieren oder verwerfen würden (Wiki, 2020; Henriques, 2015). Dieses Konzept wurde von vielen medizinischen Zentren und psychiatrischen Fachleuten übernommen, um Patienten bei der Bewältigung von Angstzuständen und anderen Erkrankungen zu unterstützen.

Der Grund, warum buddhistische Lehrmethoden oft als Grundlage für das Verständnis von Achtsamkeit verwendet werden, liegt in dem tiefen Glauben an das unvermeidliche Leiden des Lebens. Wenn das Leiden unausweichlich ist, dann gibt es keine Notwendigkeit, dem zu entfliehen. Es muss nur Teil des Gesamtbildes unseres Lebens werden. Der Versuch, negative Gedanken zu vermeiden, schafft ein Ungleichgewicht in uns, das zu negativen Folgen führt. Wenn wir uns der Gesamtheit des Lebens und des Gleichgewichtes von Gut und Böse bewusst sind, können wir mit den Dingen, die uns verunsichern, leichter umgehen, da wir uns ihrer bewusst sind, ohne uns selbst zu beurteilen.

Im Jahr 2012 erhielt Achtsamkeit weitere öffentliche Anerkennung, als Tim Ryan „*A Mindful Nation*" veröffentlichte und folglich ein großes Stipendium für den Unterricht von Achtsamkeit in Schulen erhielt. Andere namhafte Spezialisten, darunter Richard Davidson, ein versierter Neurowissenschaftler, sowie die „Interpersonal Neurobiology Community" nutzten Achtsamkeit, um psychodynamische Perspektiven und Emotionen sowie Optimierungsmöglichkeiten der Funktion des Gehirnes besser zu verstehen (Henriques, 2015).

Achtsamkeit wird oft mit Meditation verbunden. Diese alte Form ermöglicht vollkommenes Bewusstsein und Frieden durch die Praxis des Stillsitzens, der Reinigung des Geistes und des Erreichens eines Zustandes der vollständigen Einheit mit dem Universum. Wir werden in Kapitel 9 weiter auf die Meditation eingehen.

Zusammenfassung des Kapitels

In diesem Kapitel haben Sie etwas über Achtsamkeit gelernt und auch darüber, wie das menschliche Bewusstsein arbeitet, um unsere Gedanken, Reaktionen und Verhaltensweisen in der Welt um uns herum zu filtern.

Achtsamkeit basiert darauf, sich seiner selbst und seiner Erfahrungen bewusst zu werden und diese ohne Beurteilung zu betrachten. Sie kann weiter ausgebaut werden, um ein Verständnis und eine Akzeptanz für die Situationen zu erlangen, in denen Sie sich befinden oder die Sie bald erleben werden. Wenn Sie sich bewusst sind und sich auf das konzentrieren, was Sie in diesem Moment tun müssen, können Sie nicht darüber nachdenken, was später passieren könnte. Wenn Sie sich in Achtsamkeit üben, können Sie Angstzuständen entgegenwirken, weil Sie nur das in Betracht ziehen oder tun, was im gegenwärtigen Moment getan werden muss.

Wenn Sie Angst in irgendeiner Form erleben, können Sie mit Achtsamkeit große Erfolge erzielen. Vielleicht haben Sie Angst vor der Zukunft und davor, was in Ihrem Leben passieren könnte. Überlegen Sie sich, wie Achtsamkeit genutzt werden kann, um sich auf das zu konzentrieren, was Sie in diesem Augenblick tun müssen. Achtsamkeit bedeutet, dass Sie den Besonderheiten Ihres täglichen Lebens und all den Dingen Aufmerksamkeit schenken, die Sie normalerweise schnell erledigen oder für selbstverständlich halten. Wenn Sie sich auf Ihre Gegenwart konzentrieren, ist Ihr Geist nicht mehr in der Lage, sich darüber Gedanken zu machen, was Sie beunruhigt.

Achtsamkeit kann während Ihrer täglichen Beschäftigungen bewusst geübt werden. Sie kann auch durch Meditation praktiziert werden. Diese zwingt Sie dazu, mit allem aufzuhören und sich Zeit zu nehmen, um präsent zu sein und sich der Gesamtheit der Existenz bewusst zu werden, anstatt unseres kleinen Anteils daran.

Im nächsten Kapitel werden Sie erfahren, was passiert und was zu tun ist, wenn die Angst eintritt.

KAPITEL 3:

Was tun, wenn die Angst eintritt?

Angst und Panik sind reale Reaktionen, die echte Menschen auf die Situationen um sie herum haben. Sie möchten sich vielleicht nicht so fühlen, haben aber keine Kontrolle darüber, wie ihr Körper auf die Stressfaktoren in ihrem Leben reagiert. Wir wissen, dass zu den körperlichen Symptomen der Angst unangenehme körperliche Empfindungen und Auswirkungen auf unser emotionales und körperliches Wohlbefinden gehören können. Diese Gefühle des Unheils, der überwältigenden Unfähigkeit, damit umzugehen, der Angst, der Nervosität, der körperlichen Krankheit und der emotionalen Betroffenheit sind allesamt echte Symptome, mit denen Menschen zu kämpfen haben, die an Angstzuständen leiden.

Typische Indikatoren für Angstzustände

Es gibt drei vorhersehbare Arten von Reaktionen, die Menschen bei Angstzuständen erleben können. Lassen Sie uns jede davon etwas genauer betrachten.

Körperlich erhöhter Zustand, der Terror und Panik ähnelt

Dies ist ein Zustand des Körpers, der durch Herzklopfen, Atemnot, Muskelverspannungen, Weinen oder Hysterie und sogar körperliche Erkrankungen gekennzeichnet ist. Dies geschieht, wenn der Körper die Stresshormone Adrenalin und Cortisol freisetzt. Wie wir bereits besprochen haben, wird dies oft als Panikattacke bezeichnet und ist in der Regel eine unmittelbare Reaktion auf einen bestimmten Auslöser oder Stressfaktor. Ein permanenter Zustand erhöhter Angst, der andauert, kann schwerwiegende gesundheitliche Folgen nach sich ziehen und bekanntermaßen zu Herzinfarkten und erhöhtem Blutdruck führen.

Ein aufgedrehtes Gefühl der Spannung, das mit Stress assoziiert ist

Viele Menschen mit einer allgemeinen Angststörung erleben das Gefühl von Spannung, Stress und Angst als Reaktion auf (oder in Erwartung von) aktuellen oder zukünftigen Ereignissen. Dies kann ein Kreislauf immer wiederkehrender Sorgen sein, der unweigerlich zu einem steigenden Stresspegel führt, da der Körper eine Lösung erwartet. Wenn der Körper ständig nervös ist, können anhaltende Unruhe, Aufregung und Sorgen negative Auswirkungen auf Ihre allgemeine Gesundheit haben.

Die psychische Qual des Grübelns

Wenn Ihr Gehirn nicht aufhört, beunruhigende Gedanken zu haben und Sie regelmäßig von Gedanken früherer Ereignisse oder voraussichtlichen Szenarien geplagt werden, kann dies Ihre Fähigkeit beeinträchtigen, positiv zu denken und zu handeln. Grübeln kann auch mit Depressionen und dissoziativem Verhalten in Verbindung gebracht werden, weil das Individuum in einen nachdenklichen, zerstreuten oder beunruhigenden Zustand zurückfällt, der für eine lange Zeit anhalten kann. Dies kann andauernde Übelkeit und Anspannung oder ein Gefühl des Erstickens unter der Last der Dinge, an die man denkt, hervorrufen. Das Grübeln kann andauern, obwohl wir versuchen, andere Dinge zu tun, was zu Konzentrationsproblemen führt und der Unfähigkeit, erfolgreich mit anderen zu interagieren.

Verstehen, warum Angstzustände auftreten

Um zu verstehen, warum jemand an Angstzuständen leidet, muss man die Auslöser erkennen. In der Regel gibt es einen direkten Zusammenhang zwischen einem bestimmten Stressfaktor und der Reaktion der Angst. Zum Beispiel wurden Sie vielleicht von einem

Hund angegriffen, als Sie jung waren. Seitdem haben Sie eine schreckliche Angst vor Hunden und der Gedanke, in einen Park zu gehen, kann Sie so sehr in Angst versetzen, dass Sie es nicht mehr genießen können, Ihre Kinder ins Freie zu schicken. Eine Einladung in das Haus eines neuen Freundes, der einen Hund hat, kann dazu führen, dass Sie mit der Zeit immer unruhiger werden, bis Sie kurz vor der Veranstaltung eine Panikattacke bekommen und nicht mehr teilnehmen können. Weil Sie nicht für Ihre Angst, Phobie oder Unruhe verurteilt werden wollen, sagen Sie Ihrem neuen Freund, dass Sie eine Grippe bekommen haben. Dann haben Sie vielleicht noch mehr Angst, weil Sie sich selbst enttäuscht haben, da Sie nicht hingehen konnten und Sie einen neuen Freund angelogen haben.

Viele Ängste drehen sich um die Frage „Was wäre, wenn [...]?". Sofern Sie in der Lage sind, die Besonderheiten einer Situation tatsächlich vorherzusehen, haben Sie oft keinen Grund, sie zu fürchten. Deshalb bevorzugen viele Menschen mit Angststörungen bewährte Routinen, bei denen die Dinge vorhersehbar sind und es kaum Abweichungen gibt. Dadurch wird die Wahrscheinlichkeit geringer, dass sie etwas Unbekanntes in ihrem Leben erfahren.

Die Kenntnis Ihrer Stressfaktoren kann Ihnen helfen, Ihr Leben so zu organisieren, dass Sie weniger Stressfaktoren haben und mehr Vorhersehbarkeit bei Situationen, von denen Sie wissen, dass sie Ihre Angst auslösen werden. Beispielsweise würden Sie lieber nicht an der Veranstaltung teilnehmen als zu riskieren, von Ihrem neuen Freund verurteilt zu werden. Wenn Sie Ihrem neuen Freund jedoch sagen, dass Sie Angst vor Hunden haben und nicht sicher sind, ob Sie zu ihm nach Hause kommen können, wird er Sie vielleicht überraschen und sagen: „Kein Problem, mein Nachbar passt manchmal für uns auf die Hunde auf, ich werde ihn fragen, ob die Hunde die Nacht bei ihm verbringen können. Ehrlich gesagt, ist es sogar besser so, denn dann wird es weniger Chaos im Haus geben."

Zu verstehen, warum Angstzustände auftreten, ist der erste Schritt zur Bewältigung Ihrer Symptome und zur Suche nach Möglichkeiten, mit Ihren Stressfaktoren umzugehen, damit sich diese nicht so negativ auf Ihr Leben auswirken.

Furcht ist vielleicht einer der häufigsten Gründe, warum Symptome der Angstzustände, einschließlich Panikattacken, einen Zyklus negativer Auswirkungen auf Ihre emotionale und körperliche Gesundheit aufrechterhalten. Wenn Sie sich selbst sagen können, dass Ihre Angst eine normale Reaktion auf eine wahrgenommene Bedrohung ist und dass Sie wahrscheinlich „überreagieren", kann das ein nützliches Hilfsmittel sein, welches es Ihnen ermöglicht, sich andere beruhigende Verhaltensweisen und Gedanken einzureden.

Denken Sie daran: Es wird vorbeigehen

Ganz gleich, wie stark Sie auf Stress reagieren: Es ist hilfreich, sich daran zu erinnern, dass er vorbeigehen wird - selbst wenn es sich um eine ernsthafte Panikattacke handelt. Es mag schwer zu verstehen sein, wenn man gerade einen extremen Angstzustand erlebt. Ganz gleich, wie „besessen" oder „panisch" Sie sich fühlen, es gibt einen Punkt, an dem eine andere physische oder emotionale Reaktion die Oberhand gewinnen wird. Sagen Sie sich: „Das geht vorbei, das geht vorbei", und üben Sie einige Techniken zur Bewältigung Ihrer Symptome. Je früher Sie dies tun, desto schneller wird die Intensität Ihrer Angst abnehmen.

Techniken zur Bewältigung von Panikattacken, Spannungsgefühlen und übermäßigem Grübeln

Achten Sie auf Ihren Körper

Eigentlich gehört es zum gesunden Menschenverstand, aber oft vergessen wir, auf uns selbst zu achten, was unsere Fähigkeit, mit Stress umzugehen, beeinträchtigen kann. Dazu gehört, dass wir nicht richtig essen, nicht richtig schlafen und uns nicht bewegen. Wenn der Körper einen Mangel an Nährstoffen und Energie hat, ist er nicht in der Lage, auf gesunde Weise mit Stressfaktoren umzugehen. Einige Menschen glauben, dass eine koffein-, zucker- und alkoholarme Ernährung dazu führt, dass Körper und Geist widerstandsfähiger gegen Stress werden und die Symptome von Angstzuständen abnehmen. In einem späteren Kapitel werden wir mehr darüber erfahren, wie die Ernährung und Routinen zur Selbstpflege Ihre Fähigkeit zur Bewältigung von Angstzuständen und Ihre Reaktionen auf Stress verbessern.

Praktizieren Sie Tiefenatmung

Oft sagen die Leute: „Atme einfach durch", und sie haben recht. Wenn die Angst verstärkt auftritt, beginnen wir manchmal in kurzen Schüben zu atmen und hyperventilieren sogar. Dadurch wird der dem Blut und dem Gehirn zur Verfügung stehende Sauerstoff reduziert und die Auswirkungen der Angst mit zunehmender körperlicher Belastung verstärkt.

Wenn wir innehalten und lange, tiefe Atemzüge ganz langsam und bewusst machen, beruhigt dies den Körper und den Geist. Es ermöglicht uns, der jeweiligen Situation mit Ruhe und Klarheit zu begegnen. Manche Menschen nennen dies *Zwerchfellatmung* oder *Bauchatmung*. Sie zeichnet sich dadurch aus, dass die Luft langsam in die Lungen einströmt und sich nicht der Brustkorb, sondern der Bauch mit Luft füllt. Die Luft wird dann langsam wieder ausgeströmt, während sich der Bauch entleert. Sie können auch eine Variante ausprobieren, bei der Sie zuerst den Bauch und dann die Brust ausdehnen und dann langsam in umgekehrter Reihenfolge ausatmen.

Manche Menschen schwören auf Sitzungen mit tiefer Atmung, die im Liegen in einer ruhigen, ungestörten Umgebung durchgeführt werden. Dies ist natürlich die optimalste Methode der Tiefenatmung in einer Therapie. Unterschätzen Sie nicht die starke beruhigende Wirkung einiger tiefer Atemzüge, wenn Sie auf etwas warten oder das Gefühl haben, dass Ihr Angstpegel steigt.

Achtsamkeit und Bewusstsein

Wie Sie bereits gelernt haben, hat ein achtsamer Bewusstseinszustand, auch Achtsamkeit genannt, viele Vorteile. Wenn Sie von Gefühlen erhöhter Angst überwältigt werden oder in einen Kreislauf des Nachdenkens verfallen, sollten Sie Achtsamkeit einsetzen, um sich an den Besonderheiten der Gegenwart zu orientieren.

Was kann man in diesem Moment beobachten? Was tun Sie, das Ihre volle Aufmerksamkeit erfordert? Wenn Sie eine vollständige Übung machen wollen, kommen Sie zur Ruhe und schließen Sie die Augen. Überlegen Sie, wie sich Ihr Körper anfühlt, konzentrieren Sie sich darauf, wie Sie sich beim Atmen fühlen und versuchen Sie, eine Bestandsaufnahme Ihrer körperlichen Empfindungen zu machen. Dann - Sie halten die Augen noch immer geschlossen - verlagern Sie Ihre Aufmerksamkeit, indem Sie die Geräusche, die Gerüche und das Geschehen um Sie herum wahrnehmen. Diese Übung ist ein Hilfsmittel, das Ihnen helfen kann, Ihre Gefühle der Bedrängnis zu überwinden, denn Sie müssen diese Gedanken mit Intention ablegen, um sich dessen bewusst zu werden, was um Sie herum geschieht.

Sich selbst ablenken

Eine weitere Möglichkeit, im Augenblick präsent zu sein und ängstliche Gedanken wirksam zu unterbinden, ist die klassische Tradition der Ablenkung. Wenn Sie intensive Angstgefühle haben oder in einem Kreislauf von Überdenken und Nachdenken gefangen sind, kann es schwierig sein, sich auf etwas anderes als Ihre Angst zu konzentrieren - und das kann die Symptome nur verstärken.

Es kann äußerst hilfreich sein, stattdessen eine Aktivität auszuwählen und sich auf diese zu konzentrieren. Dies ist besonders nützlich, wenn die Aktivität Konzentration oder Bewegung erfordert. Es kann schwierig sein, sich auf etwas anderes zu konzentrieren als darauf, wie Sie sich während einer Panikattacke fühlen, und es kann die Symptome verstärken.

Wenn Sie Ihren Verstand dazu bringen können, sich auf etwas anderes zu konzentrieren, ist in Ihrer aktiven Realität weniger Platz für die Angst und es kann sein, dass die Intensität Ihrer Symptome deutlich abnimmt. Es gibt viele Aktivitäten, die helfen können. Zum Beispiel könnten Sie sich ein Hörbuch anhören, ein Musikinstrument spielen, Holz hacken und/oder stapeln, Wäsche waschen, Gartenarbeiten verrichten oder einkaufen gehen. Es kann manchmal von Vorteil sein, eine Aufgabe so auszuwählen, dass Sie ein gutes Gefühl haben, weil Sie etwas Produktives zu tun. Wenn Sie eine persönliche Ablenkung durch Belohnungen nutzen, indem Sie z. B. ein Buch lesen oder anhören oder Sie zu Ihrer Lieblingsmusik mitsingen, dann beglückwünschen Sie sich dazu, dass Sie sich eine qualitativ hochwertige, persönliche Zeit für sich selbst genommen haben.

Laufen Sie etwas herum

Vielleicht haben Sie das Gefühl, dass es für Sie am besten ist, wenn Sie sich während einer Angstattacke in einem sicheren, abgeschlossenen Raum aufhalten. Das kann zwar tröstlich sein, weil kaum etwas Unvorhergesehenes passieren kann, aber es kann Sie weiter in einen Kreislauf von Angst oder anderen negativen Gefühlen versinken lassen. Wie bei der Ablenkung kann auch das Herumlaufen ein wirksames Mittel sein, um Ihren Geisteszustand zu ändern. Es hilft, etwas Adrenalin loszuwerden und das Blut in Bewegung zu bringen, was dazu beiträgt, den Geist zu klären. Wenn wir zu lange an einer Stelle stehen bleiben, kann unser Körper versteifen und sogar verkrampfen, was zusätzliche körperliche Belastungen verursacht. Wir merken es vielleicht erst, wenn wir aufstehen, also stehen Sie oft auf und strecken Sie Ihre Beine aus. Das ist vielleicht das Letzte, was Sie tun wollen, wenn Sie sich in Panik befinden, aber es wird Ihnen helfen, aus dem Geisteszustand herauszukommen, in dem Sie sich befinden.

Die Spannung lösen

Wenn der Körper gestresst und ängstlich ist, reagiert er oft mit Verspannungen und wir können Schmerzen oder Steifheit entwickeln, die mit Unbeweglichkeit und/oder Verspannungen zusammenhängen. Das Lösen von Verspannungen erfolgt effektiv durch eine bewusste körperliche Veränderung. Wenn sich Ihr Körper und Ihr Geist derzeit schlecht fühlen, weil Sie an Stress oder Angst festhalten, sollten Sie sich bemühen, diese Spannung zu lösen. Dies kann erreicht werden, indem Sie tief einatmen und dann die gesamte Luft in einem „Wusch" ausatmen. Stellen Sie sich dabei vor, wie Ihre Anspannung mit der ausgeatmeten Luft Ihren Körper verlässt.

Eine der besten und effektivsten Möglichkeiten, um Spannungen zu lösen, ist Dehnung und Bewegung. Dadurch wird der Körper in eine neue Position gebracht und Blut und Sauerstoff werden durch den Körper und das Gehirn geleitet. Diese Bewegung kann Ihre Perspektive verändern und dazu führen, dass Sie sich muskulös weniger versteifen. Wenn Sie sich strecken, wird Sie Ihr Körper mit Glückshormonen, wie Endorphinen, belohnen, anstatt mit negativen Hormonen, wie Adrenalin und Cortisol.

Zusammenfassung

In diesem Kapitel haben Sie typische Angst-Indikatoren kennengelernt, wie z. B. einen körperlich erhöhten Zustand, der Panik ähnelt, das Gefühl, aufgedreht oder gestresst zu sein sowie die Angst vor dem anhaltenden Grübeln. Von der ständigen Sorge um das „Was-wäre-wenn" geplagt zu sein, kann sowohl emotional als auch körperlich anstrengend sein. Zu verstehen, warum Sie diese Angstreaktionen haben, ist entscheidend, und die Fähigkeit, Ihre Auslöser zu identifizieren, ist der Schlüssel zur Verbesserung Ihrer psychischen Gesundheit.

Zudem haben Sie einige wirksame Techniken zur Bewältigung dieser Stresssymptome kennengelernt. Dazu gehört, auf Ihren Körper zu achten, Tiefenatmung und Achtsamkeit zu praktizieren sowie Spannungslösung, Bewegung und Ablenkung.

Im nächsten Kapitel erfahren Sie mehr darüber, wie Sie mit Spannung, Stress und Angst umgehen können.

KAPITEL 4:

Was tun, wenn Spannung, Stress und Angst herrschen?

Wie wir bereits gelernt haben, können sich Angststörungen auf verschiedene negative Weise manifestieren, die von extremen Panik- und Angstattacken bis hin zu einem Gefühl ständiger Anspannung, Stress und Angst reichen.

Um mit Ihren emotionalen und körperlichen Reaktionen auf die Stressfaktoren in Ihrem Leben umgehen zu können, müssen Sie Ihre Auslöser und Symptome erkennen, wenn Sie mit ihnen konfrontiert werden. Empfindungen anhaltender Anspannung und Angst werden anders gehandhabt als akute Reaktionen, wie z. B. Panikattacken. Einige der Techniken zur Bewältigung der Symptome sind ähnlich, weil diese Techniken bei einer Vielzahl von Zuständen wirksam sind. Zum Beispiel sind Tiefenatmung und Achtsamkeit wirksame Mittel, um sich zu beruhigen und neu zu orientieren.

Ständige Anspannung und Angst können ein Ergebnis der permanenten Beschäftigung unseres Geistes sein, die Sorgen wieder aufleben lässt und uns dazu veranlasst, ständig über schreckliche Dinge nachzudenken, die als Folge unserer Entscheidungen oder Handlungen geschehen könnten.

Hören Sie nicht auf Ihr eigenes negatives Feedback

Manchmal sind Sie vielleicht von Angst und Gefühlen der Spannung erfüllt, weil Sie von Ihrer eigenen Unzulänglichkeit oder Unfähigkeit, mit möglichen Ereignissen umzugehen, überzeugt sind. Da die negative Stimme in unserem Kopf laut, hartnäckig und dominant ist, kann es leicht sein, sich auf das zu konzentrieren, was sie sagt. Es ist wichtig zu erkennen, dass Sie die Geschichte in Ihrem Kopf ändern können, indem Sie sich bewusst sagen, dass Sie die negative Rückmeldung beiseitelegen und Platz für die positive Rückmeldung über sich selbst oder Ihre Situation schaffen wollen. Sagen Sie sich Folgendes: „Ja, ja, ich weiß, es könnte alles schiefgehen, aber wie würde es aussehen, wenn es gut laufen würde?" oder „Wir haben das schon einmal besprochen und es gibt andere, positivere Wege, das zu betrachten". Stellen Sie sich dieses positive Ergebnis vor und konzentrieren Sie sich darauf, dass Sie sich dabei gut fühlen.

Das ist vergleichbar mit der Idee, den Lügen nicht zu glauben, die einem der Verstand erzählt. Der Verstand kann uns anlügen, um uns dazu zu bringen, geistig an einem Ort zu bleiben und von etwas wie besessen zu sein. Vielleicht sagt Ihnen Ihr Verstand, dass Sie Ihre ganze Energie darauf verwenden müssen, sich um ein bestimmtes Ergebnis zu sorgen oder dass Sie niemals all die Dinge erledigen können, die auf Sie warten. Sie können sich dafür entscheiden, nicht zu glauben, wovon Ihr Verstand Sie zu überzeugen versucht. Scheuen Sie sich nicht, sich selbst und Ihren negativen Gedanken zu sagen: „Ich glaube euch nicht. Ihr klingt wirklich überzeugend, aber ich kaufe euch das nicht ab. Ich habe andere Möglichkeiten."

Wenn Ihnen die Stimme in Ihrem Kopf Sorgen bereitet, hören Sie nicht zu

Wenn sich unser Geist und unser Körper in einem Zustand ständiger Sorge befinden, haben wir die automatische Reaktion darauf, jede Situation oder jedes Vorhaben mit einer Mentalität der Angst oder des Unterganges zu bewerten. Ewige Sorge und ein Gefühl des drohenden Unterganges können sich bei manchen Menschen als Hypervigilanz manifestieren. Das ist dann der Fall, wenn jemand darauf fixiert ist, dafür zu sorgen, dass alles sicher und in Ordnung ist und exakt so abläuft, wie es geplant war.

Der ständigen Fokussierung auf unseren ängstlichen Zustand kann man sich nur schwer entziehen. Dies gilt insbesondere dann, wenn wir beschäftigt sind, viele Dinge passieren und wir daher das Gefühl haben, dass wir uns um viele Dinge „Sorgen machen müssten". Eine Stimme in unserem Kopf fordert uns auf, nach etwas zu suchen, worum wir uns sorgen können, besonders wenn wir freie Zeit haben. Diese „Stimme der Sorge" ist schwer auszuschalten und es passiert schnell, dass sie unser Bewusstsein dominiert. Wenn man diese Stimme erst einmal erkannt hat, ist es jedoch leichter, sich zu entscheiden, ob man zuhören will oder wie viel Zeit oder Energie man für ihre Anliegen aufwenden will.

Wenn die Sorge auftaucht, sagen Sie ihr, dass Sie damit beschäftigt sind, etwas Nützliches zu tun. Konzentrieren Sie sich dann auf etwas Positives oder tun Sie es. Es kann ganz einfach sein. Zum Beispiel konzentrieren Sie sich auf all die Dinge, die heute gut gelaufen sind oder tun Sie etwas, um Ihren Geist mit anderen Gedanken zu beschäftigen. Wenn Sie spüren, dass Ihr Körper gestresst ist, nehmen Sie sich einen Moment Zeit, um Ihren Körper und Ihren Geist mit einer Übung der Tiefenatmung oder einer guten Dehnung zu entspannen.

Erstellen Sie sich eine Liste und handeln Sie entweder danach oder ignorieren Sie sie

Das mag wie eine seltsame Strategie klingen, aber es ist eine Möglichkeit, Bedenken, die Ihre Perspektive trüben und Sie beunruhigen, eine greifbare Form zu geben. Vielleicht ist Ihnen gar nicht bewusst, warum Sie sich so angespannt, gestresst oder voller Angst fühlen. Nehmen Sie sich die Zeit, sich hinzusetzen und eine Liste all der Dinge aufzustellen, die Ihnen im Kopf herumgehen und Sie in Bedrängnis bringen. Wenn Sie Ihre Sorgen in einer greifbaren Form sehen, kann das mehrere Vorteile haben, unter anderem kann es Ihnen Klarheit darüber verschaffen, warum Sie in Not sind.

Wenn Sie eine Liste Ihrer Probleme sehen, können Lösungen präsentiert werden, die Ihren Geist und Ihren Körper beruhigen. Sie werden vielleicht nicht merken, wie besorgt Sie waren, die Kinder ins Ferienlager zu bringen, bis Sie es aufgeschrieben haben - was Sie zudem daran erinnert, dass Ihr Nachbar bereits angeboten hatte, Ihre Kinder mitzunehmen. Dies ermöglicht die Identifizierung, Legitimierung und Lösung der Dinge, die Ihnen Sorgen bereiten. Fügen Sie der Liste eine Spalte hinzu, in der die von Ihnen geplanten Möglichkeiten für die Lösung des Problems aufgeführt sind und streichen Sie jene Dinge auf Ihrer Liste durch, für die Sie eine Lösung gefunden haben.

Manchmal haben Sie vielleicht keine offensichtliche Lösung für all die auf der Liste befindlichen Dinge. Manchmal machen die Dinge auf der Liste vielleicht nicht einmal Sinn. Es kann sein, dass sie gar keinen Einfluss darauf haben. Das ist in Ordnung! Wenn Sie eine Liste der Dinge erstellen, die Ihnen Sorgen bereiten, geben Sie ihnen absichtlich Zeit und Raum in Ihrem Bewusstsein. Sie können sich entscheiden, ob Sie zur Liste zurückkehren oder sie beiseitelegen und ignorieren wollen. Das erlaubt Ihnen, Ihren Geist von den Sorgen zu befreien, da Sie sich immer auf die Liste beziehen können, wenn Sie es wirklich wollen oder brauchen. Sobald Sie die Liste erstellt haben, dann müssen Sie eine bewusste

Entscheidung treffen, die Liste und ihren Inhalt beiseitezulegen und Ihre Aufmerksamkeit auf andere Dinge zu lenken. Dies sollten Dinge sein, die sich positiv auf Sie auswirken.

Fokussieren Sie sich für eine Weile nur auf Spaß

Dieses Konzept basiert auf dem alten Spruch, dass „Lachen die beste Medizin ist". Wenn unser Geist von Angst, Spannungen, Stress und Furcht besessen ist, nehmen wir uns nur selten Zeit für den Spaß in unserem Leben oder akzeptieren ihn gar. Schließlich ist es schwer, Spaß zu haben, wenn man von Sorgen, Stress oder Angst überwältigt ist! Vielleicht ignorieren wir spaßige Gelegenheiten, weil wir meinen, dass wir es nicht verdienen. Vielleicht fühlen wir uns sogar schuldig, dass wir etwas genießen, weil wir die Barrieren zur Lösung der anderen Probleme, mit denen wir konfrontiert sind, nicht überwunden haben.

Eine Aktivität, die uns zum Lächeln, Lachen oder Spielen veranlasst, befreit uns aus dem Zustand der Sorge und Angst und füllt uns mit Glückshormonen wie Endorphinen. Wenn wir von Angst erfüllt sind, kann es eine Herausforderung sein, eine Gelegenheit zum Lachen in unserem Leben zu erschaffen. Nehmen Sie sich Zeit für ein Spiel, gehen Sie mit einem Ball oder einer Kamera in den Park, sehen Sie sich eine lustige Show an oder hören Sie sich ein lustiges Buch an, spielen Sie mit einem Kind oder tun Sie etwas Impulsives, das Sie früher genossen haben, als das Leben noch einfacher schien. Wenn Sie sich zum Lachen bringen und sich in etwas Spaß verlieren können, werden Ihre Angstgefühle minimiert oder beseitigt. Wir werden in Kapitel 7 mehr über die Freude im Leben sprechen.

Zusammenfassung des Kapitels

Manchmal leiden wir in hohem Maße unter Spannung, Stress und Angst. Es kann sein, dass wir in regelmäßigen Abständen anhaltende Angstzustände erleben und Schwierigkeiten haben, diese Gefühle zu bewältigen, um effektiv zu funktionieren.

In diesem Kapitel haben Sie gelernt, dass Sie Entscheidungen darüber treffen können, worauf Sie sich konzentrieren wollen und dass Sie aktive Schritte unternehmen können, um Ihre Gedanken zu kontrollieren. Zu diesen nützlichen Techniken gehört, dass man nicht auf sein eigenes negatives Feedback hört, dass man nicht zuhört, wenn die Stimme der Sorge im Kopf schwirrt, dass man eine Liste erstellt und dann entweder darauf reagiert oder sie ignoriert und sich eine Zeit lang auf den Spaß konzentriert. Mit diesen Techniken können Sie erkennen, warum Sie sich auf Ihren Stress und Ihre Angst konzentrieren. Anschließend können Sie diese dann beiseitelegen, um mehr Möglichkeiten für positive Ergebnisse zu erhalten.

Im nächsten Kapitel erfahren Sie, wie Sie übermäßige Sorgen und übermäßiges Nachdenken überwinden können.

KAPITEL 5:

Übermäßige Sorgen und übermäßiges Nachdenken überwinden

In diesem Kapitel werden wir uns insbesondere auf das Verhalten des Grübelns und Überdenkens konzentrieren, das uns ständig in Sorge hält.

Nachsinnen, auch „Grübeln" oder „Überdenken" genannt, ist ein Zustand ständiger Überlegung über die Herausforderungen, vor denen wir stehen, über die Dinge, die wir durchgemacht haben oder über den möglichen Ausgang zukünftiger Situationen. Es wird als ein zyklisches, sich selbst erhaltendes Verhalten betrachtet, das schwer zu unterbrechen ist. Wie jedes Objekt, das sich bewegt, ist es leicht, in Bewegung zu bleiben, aber wenn es anhält, ist es schwieriger, erneut in Bewegung zu kommen. Deshalb ist es für die Überwindung dieses Angstsymptomes entscheidend, das Muster des Überdenkens zu unterbrechen.

Erkennen Sie, dass Sie davon betroffen sind

Der erste Schritt zur Überwindung von übermäßiger Sorge und übermäßigem Denken besteht darin, zu erkennen und sich einzugestehen, dass man es tut. Das ist vielleicht nicht leicht, denn niemand will zugeben, dass er eine Schwäche hat, die ihn dazu bringt, zwanghaft über die Dinge nachzudenken, sodass er keinen Platz für Glück, Freude oder positive Gedanken hat. Sobald Sie erkennen, dass Sie dieses negative und destruktive Verhalten zeigen, können Sie Maßnahmen ergreifen, um dem entgegenzuwirken.

Abschalten

Wenn man einmal erkannt hat, dass man in einem Kreislauf ständiger Sorgen gefangen ist, kann es schwierig sein, ihn „abzuschalten". Manche Menschen sind in der Lage, sich einfach zu sagen, dass sie sich keine Sorgen machen sollen und ihr Geist geht dazu über, sich auf andere Dinge zu konzentrieren. Wer die Tendenz hat, sich zwanghaft Sorgen zu machen, muss sich vielleicht durch bewusste Übungen helfen.

Einige Therapeuten verwenden eine Methode, um die Dinge, die unsere Angst verursachen, zu extrahieren, zu unterteilen und dann zu verwahren oder loszulassen. Dies erfordert ein klares Bewusstsein dafür, was unsere Angst verursacht. An dieser Stelle könnte Ihre Liste wieder nützlich sein! Diese Technik erfordert, dass Sie Ihre Augen schließen und sich auf eine offene und leere Schachtel konzentrieren. Dann denken Sie an ein Thema, um das Sie sich Sorgen machen und legen es gedanklich in die Schachtel, verschließen Sie diese mit einem Deckel und legen Sie sie anschließend in Gedanken auf ein Regal. Sagen Sie sich, dass diese Schachtel für Sie da ist, wenn Sie sie benötigen, aber dass Sie diese aktuell nicht brauchen. Das Ergebnis ist, dass Sie einen klaren und transparenten Geist haben.

Wenn Sie diese Technik üben wollen, können Sie die Verwendung Ihrer Liste erweitern. Holen Sie sich mehrere Zettel und schreiben Sie auf jeden Zettel eine Sorge. Stecken Sie dann alle aufgeschriebenen Sorgen in eine Schachtel oder in eine Tasche. Es gibt verschiedene Dinge, die Sie mit der Schachtel oder dem Beutel tun können, wie z. B. sie in ein Regal zu stellen, sie zu verbrennen oder sie zu recyceln, um sie in etwas Neues zu verwandeln. Wenn Sie die Dinge, über die Sie sich übermäßig Sorgen machen, anerkennen und Maßnahmen ergreifen, um sie zu beseitigen, können Sie sie „ausschalten", weil Sie ihnen eine Bedeutung und einen Platz gegeben haben, der außerhalb Ihres eigenen Geistes liegt.

Unterbrechen Sie Ihre Gedanken

Wenn Sie sich in einem Kreislauf von übermäßiger Sorge und übermäßigem Überdenken befinden, müssen Sie sich beharrlich bemühen, diese Gedanken zu unterbrechen, sobald Sie sich ihrer bewusst werden. Wenn Sie merken, dass Sie über eine Ihrer Sorgen intensiv nachgedacht haben, sagen Sie sich fest und entschlossen folgendes: „Hör damit auf, du denkst wieder zu viel nach", und wählen Sie dann bewusst etwas anderes, über das Sie nachdenken - am besten etwas, das für Ihre gegenwärtige Situation greifbar ist. Das bringt Sie zurück zur Praxis der Achtsamkeit und der Präsenz für die Tätigkeit, die wir eigentlich beachten sollten. Sie könnten Hunderte von Unterbrechungen pro Tag brauchen, aber wenn Sie konsequent sind, können Sie das Muster des Überdenkens bewusst unterbrechen und ihre Gedanken umlenken.

Bestimmen Sie bewusst einen Zeitpunkt, wann Sie sich Sorgen machen

Die Dinge, über die wir uns Sorgen machen, sind oft greifbar und müssen irgendwann gelöst werden. Wenn wir zulassen, dass unser Verstand mit allem auf einmal besorgt ist und das ständig tut, können wir überwältigt werden und die negativen Auswirkungen der Angst erleiden. Wenn wir einen Zeitpunkt festlegen, an dem die Sorgen erkannt und verarbeitet werden, kann der Geist leichter ruhen, da er weiß, dass die Probleme angegangen werden und er nicht ständig auf die Lösung warten muss.

Wählen Sie eine Zeit, die Sie der Verarbeitung Ihrer aktuellen Sorgen widmen. Entscheiden Sie im Voraus, wie viel Zeit Sie für diese Tätigkeit aufwenden werden, damit Sie nicht in einen langen unproduktiven Zustand des Überdenkens und der Sorge gezogen werden. Gehen Sie eine oder all Ihre Sorgen sorgfältig und gründlich durch und erstellen Sie eine Liste, wenn Sie wollen. Identifizieren Sie die Dinge, auf die kurzfristig reagiert werden kann, erstellen Sie eine Liste von diesen und beschließen Sie, sie zu einem bestimmten Zeitpunkt zu erledigen. Legen Sie einen

Zeitpunkt fest, zu dem Sie diese Sorgen erneut aufgreifen und den Status der betreffenden Punkte bestimmen werden. Überprüfen Sie die Punkte zum festgelegten Zeitpunkt gründlich. Auf diese Weise können Sie, wenn sich hartnäckige Sorgen einschleichen, sagen: „Hey, ich habe mir schon Sorgen um dich gemacht und du bist für später wieder eingeplant, jetzt geh weg."

Sie können diese Methode noch einen Schritt weiterführen, indem Sie sich entscheiden, sich „nur einmal Sorgen zu machen". Wenn Sie die Sorgen durchlebt haben und ihnen eine Stimme und eine Form gegeben haben, legen Sie sie beiseite und gehen Sie zu anderen Dingen über.

Eine Erweiterung dieser Methode besteht darin, zu planen anstatt sich Sorgen zu machen. Wenn Sie Ihre Sorgen identifizieren und dann einen Plan erstellen, wie Sie sie lösen, ist es nicht notwendig, dass der Verstand von Ihren Sorgen geplagt wird. Denn das Ergebnis steht fest und es gibt nichts mehr, worüber Sie besorgt sein müssen.

Gehen Sie hinaus in die Gemeinschaft

Manchmal kann ein Ortswechsel uns „unsere Sorgen vergessen lassen". Das kann etwas so Einfaches sein wie ein Spaziergang in Ihrer Gemeinde oder eine Reise in eine andere Stadt oder ein anderes Land. Zu sehen, wie andere Menschen leben und mit anderen zu interagieren, kann uns eine nützliche Perspektive auf das Ausmaß unserer Probleme geben oder uns helfen, unsere eigenen Sorgen für eine Weile zu vergessen. Allein die Tatsache, dass wir neuen Anregungen ausgesetzt sind, kann ausreichen, um uns aus dem mentalen Alltagstrott zu befreien, in den uns das Grübeln versetzt. Wenn Sie etwas finden, das Sie von Ihren Sorgen ablenkt, stellen Sie vielleicht fest, dass Sie die Dinge genießen können, die Sie bisher als selbstverständlich wahrgenommen haben.

Umschalten

Wenn der Verstand von Sorgen getrübt ist und man jede Situation und jedes mögliche Szenario überdenkt, kann es nützlich sein, die Sinne zu verwirren, indem man von einem Zustand geistiger Fixierung zu einem Zustand körperlicher Aktivität wechselt. Dies kann dazu beitragen, Ihr System zu schockieren, sodass es in einen anderen Gemütszustand gerät, der nicht von den Sorgen, die Sie haben, besessen ist. Der Übergang von geistiger zu körperlicher Aktivität kann auch dazu führen, dass sich das System auf die Bedürfnisse des Körpers, anstatt auf die des Geistes konzentriert, was eine willkommene Ablenkung darstellt. Je nach Grad der Aktivität, die Sie ausüben, können Sie einen zusätzlichen Nutzen erhalten, nämlich einen verbesserten Gesundheitszustand.

Eine Verwirrung der Sinne unterbricht den Fluss der negativen Gedanken, was dazu beitragen kann, sie abzuschalten oder umzuleiten. Zum Beispiel kann das Spritzen von kaltem Wasser auf Ihr Gesicht die Symptome von Hitzewallungen unterbrechen, die durch die Angst hervorgerufen werden. Nehmen Sie sich einen Moment Zeit, um sich zu sagen „Wow, das ist erfrischend", und spüren Sie den Moment des Trostes und der Erholung.

Zusammenfassung

In diesem Kapitel haben wir gelernt, wie wir Grübeln und übermäßige Sorgen überwinden können. Der wichtigste Schritt ist die Erkenntnis, dass wir davon betroffen sind. Wenn Sie das Verhalten erkennen können während es geschieht, gibt Ihnen dieses Bewusstsein die Möglichkeit, das Verhalten zu stoppen. Manche Menschen können es vielleicht einfach abschalten, indem sie sagen: „Jetzt ist nicht die Zeit und der Ort, um dies zu überdenken." Andere haben vielleicht Erfolg damit, die Gedanken zu visualisieren, sie in imaginäre Schachteln zu packen, die auf einem Regal abgelegt sind, um nur dann aufgerufen zu werden, wenn sie es wollen. Einige gehen vielleicht sogar noch weiter, indem sie diese Gedanken aufschreiben und sie tatsächlich in eine

Schachtel auf einem Regal legen oder die symbolische Handlung vornehmen, sie zu verbrennen. Manchmal, wenn wir Zeit für unsere Sorgen einplanen, wird der Verstand dies als ausreichend betrachten und seine Besorgnis auf diese Zeit beschränken. Es kann auch nützlich sein, einen Tapetenwechsel vorzunehmen, indem wir in die Gemeinschaft hinausgehen und anderen Dingen und Menschen begegnen, um uns entweder eine neue Perspektive auf unsere Situation zu verschaffen oder um uns von ihr abzulenken. Ebenso kann ein Wechsel von einem mental involvierten Zustand zu einem körperlich aktiven Zustand ausreichen, um uns so zu schockieren, dass wir übermäßige Sorgen und übermäßiges Nachdenken loslassen.

Im nächsten Kapitel werden Sie lernen, wie Sie Ihre Nervosität und Angst in Aufregung verwandeln können.

KAPITEL 6:

Wie man Nervosität und Angst in Aufregung verwandeln kann

Wir alle erleben Emotionen unterschiedlich. Es gibt so viele Arten von Emotionen und wir alle durchleben im Laufe unseres Lebens eine breite Palette davon. Diese Emotionen entstehen typischerweise als Reaktion auf Reize in unserer Umgebung und auf die Erwartungen, die wir an uns selbst stellen.

Viele Emotionen, wie Glück, Vergnügen, Zufriedenheit und Liebe, sind positiv und erfüllen unser Leben und sind angenehm. Aufgeregtheit ist eine weitere positive Emotion. Ein positiver emotionaler Zustand kann aus unserer eigenen Lebenseinstellung entstehen oder auch als Reaktion auf die guten Dinge, die wir erleben. Negative Emotionen, wie Furcht, Nervosität, Angst und Wut, wirken sich negativ auf unsere psychische und physische Gesundheit aus. Negative emotionale Reaktionen können als Folge von Angst und Zweifel in uns selbst entstehen oder auch als Folge von den Dingen, die uns widerfahren. Nervosität und Angst sind negative Emotionen, die uns davon abhalten, die Möglichkeiten in unserem Leben voll auszuschöpfen.

Manchmal müssen wir uns die Zeit nehmen, um Emotionen anzunehmen, die uns in einen negativen, depressiven oder etwas ängstlichen Zustand versetzen. Zum Beispiel kann ein Trauerfall zum Weinen und zu Traurigkeit führen - das ist in Ordnung. Geben Sie diesen Emotionen die Zeit und die Energie, die sie benötigen. Dies ist eine positive Entscheidung. Ab dem Zeitpunkt, ab dem diese Emotionen beginnen, einen überwältigend negativen Einfluss auf Ihr Leben zu haben, ist es an der Zeit, sich in positivere Ausdrucksformen Ihrer Trauer und Ihres Verlustes umzuorientieren.

Wenn Sie Nervosität und Angst empfinden, können diese negativen Emotionen Sie nach unten ziehen und es Ihnen schwer machen, effektiv zu funktionieren. Wie wäre es, wenn Sie Ihre Nervosität und Angst und all die damit verbundene emotionale und körperliche Energie in etwas Positives, wie Aufregung, umwandeln? Denn die Manifestationen von Nervosität und Aufregung sind in vielerlei Hinsicht ähnlich, zum Beispiel bei „Schmetterlingen im Bauch" oder bei einem typischen Gefühl der Nervosität. Diese Signale unseres Körpers können eine positive Form von Energie sein, die uns zur Erfüllung unseres Zieles antreibt. Wenn diese körperlichen Ausdrücke der Nervosität jedoch bis zu einem Punkt extremer Angst führen, kann das lähmend sein.

Bevor sich diese Form von Nervosität aufbaut, sollten Sie versuchen, diese Energie in ein positives Ergebnis umzuleiten, wie etwa in Aufregung.

Identifizieren Sie die Grundursache Ihrer Angst

Es ist unbestreitbar, dass alle Menschen unterschiedlich sind, und so ist auch unsere Reaktion auf die Dinge. Es ist wichtig zu wissen, dass der Ausdruck von Nervosität bei verschiedenen Menschen auf eine Vielzahl von Ursachen zurückzuführen ist. Das Ausmaß, in dem diese Nervosität in eine lähmende Angst umschlägt, kann von der Intensität der Ursache der Angst abhängen.

Die Menschen haben viele Ängste in Bezug auf sich selbst und ihre Interaktionen mit anderen - zu Hause, am Arbeitsplatz und in der Gemeinschaft. Die Angst vor dem Versagen oder die Scham oder die Angst, nicht dazuzugehören, sind weit verbreitet. Die Furcht gilt als eine der Hauptursachen für Angstzustände. Es kommt häufig vor, dass Sie Ihr volles Potenzial nicht erreichen können, nur weil Sie das Unbekannte fürchten und nicht in der Lage sind, Ihren perfekten Plan zu verwirklichen. Viele Menschen sind rücksichtslos und sagen: „Nun ja, Sie sollten einfach darüber hinwegkommen." Das mag für andere leicht gesagt sein, aber sie verstehen wahrscheinlich nicht, wie real die Gefühle für Sie sind und wie sehr sie Ihre Fähigkeit, effektiv zu funktionieren, beeinflussen. So unsensibel ihre Aussage auch ist, so wichtig ist es jedoch, Wege zu finden, um Ihre Ängste zu überwinden und Ihre Ziele zu erreichen. Bevor Sie eine dauerhafte Lösung finden können, ist es wichtig, die Ursachen Ihrer Angst vollständig zu verstehen und schließlich Hilfsmittel zu entwickeln, die Ihnen helfen, das Auftreten von Symptomen zu erkennen und sie in andere, positivere Emotionen umzuleiten.

Nervosität kann auch die Folge einer medizinischen Erkrankung sein, die Sie geerbt haben. Genetische Erkrankungen und vererbte Merkmale werden häufig über die DNA von einer Generation zur anderen weitergegeben. Vielleicht wurde Ihre Mutter als eine nervöse Frau mit viel aufbrausender Energie angesehen. Vielleicht sind Sie auch so. Wahrscheinlich haben Sie beide chemische Ungleichgewichte, die Adrenalinschübe in Ihnen verursachen und Sie als Reaktion auf Reize in Ihrer Umgebung unruhig und nervös machen. Nur weil Ihre Mutter so war, heißt das nicht, dass Sie dies als „Ihr Schicksal im Leben" akzeptieren müssen. Es bedeutet nur, dass sie nicht über die notwendigen Hilfsmittel verfügte, um ihren Zustand zu verstehen und entsprechend zu behandeln. Für Sie muss es nicht dasselbe sein. Sie müssen nicht akzeptieren, dass es etwas ist, das Sie nicht beeinflussen, bewältigen oder kontrollieren können. Wenn Sie verstehen, was das nervöse Verhalten auslöst, können Sie Wege finden, damit umzugehen.

In einigen Fällen können solche und andere Zustände Medikamente und die Zusammenarbeit mit einem psychologischen Betreuer erfordern. Das ist in Ordnung. Sie werden in einem späteren Kapitel etwas über die Zusammenarbeit mit einem Therapeuten erfahren. Es gibt andere Fälle, in denen diese äußerlichen Symptome der Nervosität das Ergebnis legitimer medizinischer Bedingungen sind, die nichts mit Angst oder emotionalem Stress zu tun haben. Andere Ursachen für nervöses Verhalten können das Ergebnis neurologischer Erkrankungen,

Hirnverletzungen oder anderer körperlicher Behinderungen sein. All diese Erkrankungen erfordern eine medizinische Intervention und Behandlung. Andere Ursachen könnten toxische Substanzen oder der Konsum von illegalen Drogen, wie Methamphetaminen, sein.

Manchmal kann der äußere Ausdruck nervöser Anspannung und ängstlichen Verhaltens tatsächlich das Ergebnis einer positiven Emotion, wie etwa Aufregung, sein. In diesen Situationen verursacht die Erwartung des Ergebnisses ein nervöses, hyperzentriertes Verhalten mit emotionalen Ausbrüchen und Ausrufen. Dies geschieht, wenn sich die Menschen darauf konzentrieren, ein sportliches Event, wie Fußball oder Hockey, anzusehen. Vielleicht ist Ihre Mannschaft kurz vor dem Sieg. Vielleicht ist dieses Spiel eine „Alles-oder-nichts"-Situation, da sie aus der Meisterschaft ausscheiden könnten. Ebenso könnte ein Film oder eine Fernsehserie so spannend sein, dass Sie es kaum noch erwarten können, herauszufinden, wie sie endet. Vielleicht warten Sie am Flughafen auf jemanden, den Sie lange nicht gesehen haben und Sie sind nervös und aufgeregt. Das sind alles positive Ausdrucksformen der Aufregung.

Die Entwicklung eines starken Selbstbewusstseins kann uns helfen zu erkennen, wie unser Verhalten unsere Gefühle ausdrückt. Da wir nun sowohl Nervosität als auch Aufregung verstehen und wissen, dass sie viele der gleichen physischen und emotionalen Merkmale aufweisen, können wir diese Informationen zu unserem Vorteil nutzen. Nervöse Energie mag unvermeidlich sein, aber was wäre, wenn wir unser Verständnis nutzen könnten, um die Energie von negativer Nervosität in positive Aufregung zu lenken? Das ist möglich!

Um dies zu erreichen, versuchen Sie, sich Ihrer selbst bewusst zu sein und die Ursachen der Ängste zu verstehen, mit denen Sie zu kämpfen haben. Da jeder Mensch anders ist, vertrauen Sie auf Ihre eigene Selbsteinschätzung, um festzustellen, welche Verhaltensweisen Sie in verschiedenen Situationen zum Ausdruck bringen und wie nah die Grenze zwischen Nervosität, die zu Angst führt, und dem Ausdruck nervöser Aufregung liegt.

Finden Sie heraus, was Ihre Angstreaktion auslöst

Nachdem Sie ein Verständnis dafür entwickelt haben, wie Ihr Geist und Ihr Körper Ängste ausdrücken, sind Sie besser in der Lage zu untersuchen, was dieses Verhalten auslöst. Die Fähigkeit, die Ursachen für Ihr nervöses und ängstliches Verhalten zu erkennen, erlaubt es Ihnen zu verstehen, welche Dinge in Ihrer Umgebung ein Katalysator für das Einsetzen dieser körperlichen Reaktionen sind. Es ist nicht immer leicht zu verstehen, was die Ursachen dafür sind, dass die Angst Ihren Geist und Körper dominiert. Es erfordert eine aufrichtige Anstrengung, sich selbst einzuschätzen und die Welt um Sie herum zu beobachten, um wirklich zu verstehen, wie Sie sich fühlen, wenn Dinge geschehen. Die spezifischen Dinge, die Angst und ängstliches Verhalten auslösen, sind von Mensch zu Mensch verschieden, aber es gibt viele Gemeinsamkeiten. Es kann hilfreich sein, zu versuchen, Ihre Auslöser zunächst aus einer breiten Perspektive und dann aus einer spezifischen Sichtweise zu verstehen.

Beispielsweise erfahren Studenten unterschiedlich starken Stress im Zusammenhang mit den Abschlussprüfungen. Einige Menschen gehen mit Stress gelassen um, während andere unter Angst und Depressionen leiden. Sie sind vielleicht genauso klug und haben genauso lange studiert. Aber warum wird dann eine Person krank vor Angst? Niemand ist sich wirklich sicher, aber diejenigen, die in manchen Situationen akute Angstzustände erleben, haben oft eine zugrundeliegende Angst vor dem Versagen. Die Studenten könnten auch unterschiedliche Erwartungen an die Folgen des Prüfungsergebnisses haben. Stellen Sie sich vor, dass in Ihrem Fall die Ergebnisse darüber entscheiden werden, ob Sie sich für ein Stipendium für ein College qualifizieren können oder nicht.

Wenn Sie über andere Möglichkeiten verfügen, das College zu bezahlen, ist der Verlust des Stipendiums für Sie vielleicht nicht allzu besorgniserregend. Wenn Sie aber nicht imstande sind, das College ohne das Stipendium zu besuchen, kann der Gedanke, keine ausreichend gute Note zu bekommen, zu lähmenden Ängsten führen. Eine solch schlimme Folge eines Misserfolges kann dazu beitragen, dass Sie nicht fähig sind, sich zu beruhigen, bis die Ergebnisse endlich veröffentlicht werden. In diesem Fall könnte man sagen, dass die Prüfung selbst die Ursache für die Nervosität und Angst ist, aber in Wirklichkeit ist die Angst vor dem Versagen die eigentliche Ursache. Die Qualifikation für ein Stipendium für das College ist nicht die Ursache für die Nervosität, sondern lediglich ein Instrument für die Angst vor dem Versagen, was sich negativ auf das persönliche oder familiäre Einkommen auswirkt.

Diese Person kann jedes Mal eine ähnliche emotionale und physische Reaktion zeigen, wenn sie mit einer Aufgabe konfrontiert wird, die einen hohen Einfluss auf ihre Lebensqualität oder ihre grundlegenden Bedürfnisse zum Überleben haben. Vergessen Sie nämlich nicht, dass Angst ein im Laufe der Evolution entwickelter Charakterzug ist, ein Merkmal unseres Überlebensinstinktes, der es für notwendig hält, Bedrohungen unseres Wohlergehens zu erkennen und damit umzugehen.

Betrachten wir weiterhin den oben erwähnten ängstlichen Schüler. Wenn der Schüler ein Gefühl der Achtsamkeit entwickelt und seine Situation ohne Beurteilung betrachtet, kann er seine Beobachtungen dazu nutzen, diesen Auslöser für sich selbst zu identifizieren. Sobald er erkennt, dass die Prüfung die ängstliche Reaktion ausgelöst hat und dass er Angst hat, weil ein Scheitern möglicherweise bedeutet, nicht aufs College gehen zu können, kann er sich auf einen Plan konzentrieren, um diese Energie umzuwandeln in positive Akzeptanz, geplante Zeit zum Sorgen machen, Ablenkung oder sogar zur Erfolgsplanung.

Weitere Auslöser für diese Verhaltensweisen können sichtbare Wettbewerbe mit anderen sein. Wenn unser Scheitern öffentlich und nicht nur privat ist, können die Folgen viel größer erscheinen und das treibt die Angst natürlich höher. Alles, was Unsicherheit für die Zukunft verursacht, kann Nervosität und Angst auslösen. Auch Dinge, die unser Selbstvertrauen herausfordern und uns mit wahrgenommenen Herausforderungen oder Unzulänglichkeiten konfrontieren, können einen negativen emotionalen Zustand auslösen.

Nehmen wir ein Beispiel aus der Arbeitswelt. Ein bevorstehender Projekttermin kann Ihnen übermäßig viel Stress und Angst bereiten. Sie beginnen, nervös zu sein und haben Schwierigkeiten, sich auf Ihre Arbeit zu konzentrieren. Außerdem können Sie aufgrund Ihrer Beschäftigung mit dem Projekt zu Hause nicht effektiv abschalten. Bei einer sorgfältigen Selbstuntersuchung können Sie feststellen, dass die Angst, die Sie empfinden, durch die Angst vor dem Scheitern ausgelöst wurde, weil sowohl Ihr Teamkollege als auch Sie selbst für eine Beförderung infrage kommen. Möglicherweise haben Sie es Ihrem Partner nicht gesagt und wollen ihm keine Hoffnungen machen. Sie wollen nicht, dass er Sie als Versager ansieht und haben Angst, dass er von Ihnen enttäuscht sein wird.

Wenn Sie eine Tätigkeit oder Aufgabe haben, bei der die Folgen des Ergebnisses für Sie von Bedeutung sind, ist es ganz natürlich, nervös zu sein. Wenn sich diese Nervosität in lähmende Angst verwandelt, ist es von entscheidender Bedeutung, die Quelle Ihrer Angst zu identifizieren und positive Schritte zu unternehmen, um sie zu bewältigen. Dies kommt sowohl Ihnen als auch Ihren Angehörigen zugute, die vielleicht durch Ihren emotionalen oder körperlichen Zustand beunruhigt sind und Ihnen helfen wollen.

Die Identifizierung der Auslöser und das Verständnis der Ursachen Ihrer Angst sind die einzige Möglichkeit, diese zu überwinden und die negativen körperlichen Reaktionen in positive Energie umzuwandeln.

Umwandlung von Angst und Nervosität in Aufregung

Wenn Sie die Grundursachen Ihrer Angst verstehen, Ihre Auslöser erkennen und die zuvor besprochenen Bewältigungstechniken anwenden, sind Sie in einer guten Lage, um die Herausforderung in Betracht zu ziehen, Ihre negative, nervöse, ängstliche Energie in die positive Energie der Aufregung umzuwandeln. Dies sollte nicht in dem Glauben geschehen, dass es einfach ist und es nicht nur geschieht, weil Sie es wollen. Sie müssen sich ständig Ihres geistlichen und körperlichen Zustandes bewusst sein und in der Lage sein können, diese Energie umzuleiten, wenn Sie spüren, dass sie Sie überkommt. Es mag anstrengend klingen, aber wenn Sie Ihren Körper erst einmal darauf trainieren, sich selbst umzuleiten, wird es nur noch wenig Anstrengung erfordern. Wie bei vielen Dingen gilt auch hier: „Übung macht den Meister". Sie können das Auftreten solcher ängstlichen Verhaltensweisen als unvermeidlich betrachten. Mit den richtigen Hilfsmitteln und der richtigen Einstellung ist es Ihnen jedoch auch möglich, die Ängste und die Nervosität in etwas Positives und Nützliches zu verwandeln.

Es gibt verschiedene Möglichkeiten, wie man negative Nervosität in Aufregung umwandeln kann. Eine Methode wurde von Cung Khuu, einem Schriftsteller für persönliche Entwicklung, vorgeschlagen (Khuu, 2018). Er erörtert die Tatsache, dass wir oft versuchen, von der Angst zur Ruhe zu kommen. Das ist sehr schwierig, da die emotionalen und körperlichen Reaktionen auf Angst und Ruhe so unterschiedlich sind. Andererseits ist es leichter, den Verstand davon zu überzeugen, dass die Gefühle an etwas Positives gebunden sind, da Angst und Aufregung in der Art und Weise, wie der Körper reagiert, ähnlich sind.

Er schlägt vor, dass man Ängste und Nervosität durch Selbstentwicklung, Entschlossenheit und die Befolgung von vier einfachen Schritten reduzieren kann. Es beginnt mit dem einfachen Schritt, sich „aufgeregt zu fühlen". Manche Menschen sind imstande dazu, diesen Wechsel leicht zu vollziehen. Sie spüren, dass die Symptome der Nervosität, wie plötzliche Hitze- oder Kältewallungen, Übelkeit oder nervöse Bewegungen, auftreten. Dann sagen sie sich: „Ich bin nicht nervös, ich bin aufgeregt!" und denken dann über alle möglichen positiven Ergebnisse der Situation nach, anstatt über die negativen.

Cung Khuu schlägt vor, dass Sie vier einfache Schritte befolgen, wenn Sie sich in einer Situation befinden, die Sie nervös oder ängstlich macht und Sie nicht fähig dazu sind, Ihre negative Energie in positive umzuwandeln. Lassen Sie uns diese Schritte identifizieren und erklären. Dann überlegen wir, wie wir sie nutzen können, um von Nervosität und Angst zu Aufregung überzugehen.

Machen Sie sich die Emotionen zu eigen

Nehmen Sie sich Zeit, Ihre körperliche und emotionale Reaktion zu untersuchen. Erkennen Sie, wie Sie sich fühlen. Hyperventilieren Sie, schwitzen Sie, sind Sie nervös und können nicht aufhören, sich zu bewegen oder sind Sie unfähig, sich zu bewegen, weil Sie sich so krank fühlen? Seien Sie für einen Moment dankbar, für Ihre Gefühle und dafür, dass sie Ihnen die potenziellen Gefahren für Sie so bewusst gemacht haben und erkennen Sie dann, dass diese Symptome der Aufregung ähneln. Wenn Sie dabei sind, Ihre Emotionen anzuerkennen, ermutigt Cung Khuu Sie, die Gefühle, die Sie erleben, nicht zu bekämpfen. Das bedeutet nicht, dass Sie die Eskalation des emotionalen oder körperlichen Zustandes fördern sollten. Es soll Ihnen helfen, sie zu erkennen und in kürzerer Zeit zu bewältigen. Sie können sich sagen: „Wow, so fühle ich mich und das ist legitim, aber ich werde meinen Geist und meinen Körper nur für eine bestimmte Zeit in diesem Zustand schwelgen lassen." Schließlich ist der Ausdruck „Zeit heilt alle Wunden" ein Hinweis darauf, dass die Auswirkungen der Angst auf unseren Körper abnehmen, je weiter wir uns zeitlich von dem auslösenden Ereignis entfernen. Wenn wir der Angst Anerkennung geben, wird sie weniger geheimnisvoll und das gibt ihr weniger Macht über uns.

Neben der Anerkennung Ihrer Emotionen ist es auch wichtig, dass Sie positive Selbstgespräche führen und versuchen, Ihre Gefühle in positive Erscheinungsformen der Aufregung zu transformieren. Wenn Sie bewusst positive Aussagen über sich selbst oder Ihre Situation machen, hat das unmittelbare Vorteile für Ihren emotionalen und physischen Zustand. Sagen Sie sich schöne Dinge und glauben Sie sie! Investieren Sie Ihre Energie in Gedanken der persönlichen Entwicklung und in die Annahme positiver Ideen.

Die meisten Menschen können verstehen, dass jemand, der in Trauer ist, von Natur aus von Trauer verzehrt wird und möglicherweise lange weinen muss. Das ist ein Beispiel dafür, wie man die Emotionen akzeptiert und über sich ergehen lässt. Die meisten Menschen verstehen auch, dass man irgendwann über diese Emotionen hinaus in einen anderen Geisteszustand übergehen muss. Auch wenn dies etwas anderes ist als die Akzeptanz der ängstlichen Reaktionen des Körpers auf Stress, ist es ein gutes Beispiel dafür, wie Menschen ermutigt wurden, Emotionen zu akzeptieren, ihnen Wert, Raum und Zeit zu geben, in dem Bemühen, über die Emotion hinaus in einen anderen Zustand zu gelangen. Die Intensität der eigenen Emotionen ohne Beurteilung zu erkennen, ist weniger belastend für die Psyche, als sich selbst in einem Zustand negativer Emotionen für die wahrgenommene Schwäche zu kritisieren. Sich seinem emotionalen Zustand direkt zu stellen, ist normalerweise ein besserer Weg, um damit umzugehen und Sie haben ein höheres Potenzial, diese Energie umzuleiten.

Hören Sie auf, sich selbst zu kritisieren

Sie sind wirklich hart zu sich selbst. Manchmal sind die Dinge, bei denen wir nervös sind, außerhalb unserer Kontrolle und wir müssen einfach auf ein Ergebnis warten. Das Ergebnis wird dasselbe sein, ob Sie sich nun darüber Sorgen machen oder nicht. Nehmen Sie Abstand davon, sich auf Dinge zu konzentrieren, von denen Sie glauben, Sie könnten schlecht für Sie ausgehen oder alle möglichen Situationen zu fokussieren, in denen etwas schiefgehen könnte. Hören Sie auf damit! Denken Sie daran, sich selbst zu sagen, dass es trotz aller wahrgenommenen Hindernisse viele Vorteile hat, wenn Sie Ihre Sorgen beiseitelassen. Sie haben Anstrengungen unternommen, um Ihr Ziel zu erreichen und Sie verdienen es, sich dazu zu beglückwünschen.

Cung Khuu ermutigt uns auch, uns nicht so sehr von den negativen Gedanken, die wir haben, aufzehren zu lassen. Nervosität und andere Anzeichen von Angst sind oft ein äußerer Ausdruck von übermäßigem Denken. Wenn diese Symptome akut und schwächend sind, befinden sie sich an einem Punkt, an dem sie für Ihre Gesundheit gefährlich sind. Sie können zusätzliche negative Symptome, wie Migräne, entwickeln. Sie könnten sogar einen Herzinfarkt bekommen oder einen gefährlichen Bluthochdruck, der einen Schlaganfall verursachen könnte. Dies sind ernsthafte Erkrankungen, die vermeidbar sind, wenn Sie mit imstande sind, mit Ihrer Angst richtig umzugehen.

Kritisieren Sie sich nicht selbst, wenn Sie nicht alles erreichen, was Sie im Moment wollen. Hören Sie auf, sich darüber zu ärgern, dass Sie mit Ihrem Stress und Ihrer Angst nicht sehr gut umgehen können. Gönnen Sie sich eine Pause! Manchmal geschehen Dinge, die wir nicht kontrollieren können. Wir können jedoch unsere Reaktion darauf kontrollieren, wenn wir uns die Chance geben, unseren emotionalen Zustand zu überwinden.

Stellen Sie sich zum Beispiel einen Hochschulstudenten vor, der ein akademisches Stipendium hat und von einer Organisation voll und ganz unterstützt wird. Das Geld, das der Student erhält, reicht gerade aus, um die Rechnungen zu bezahlen und es bleibt nichts übrig, um für einen Notfall zu sparen. Irgendwann verzögert sich die Auszahlung des Stipendiums aufgrund eines Fehlers in der Verwaltung der Buchhaltungsabteilung seiner Einrichtung. Aus diesem Grund kann der Student seine Miete nicht bezahlen, da er das Geld nicht rechtzeitig erhalten hat. Wenn er dem Vermieter sagt, was passiert ist, droht ihm dieser mit der Räumung, wenn er nicht rechtzeitig zahlt. Um seinen finanziellen Verpflichtungen nachzukommen, beschließt er, sich Geld von seinen Eltern zu leihen, weil er Angst vor einer Räumung hat. Diese Situation wäre für viele Menschen sehr beunruhigend. Einige Menschen würden ihre negativen Gefühle so sehr eskalieren lassen, dass sie sich selbst beschimpfen. Sie könnten sich selbst beschimpfen, weil sie ihr Geld nicht richtig verwalten, weil sie nervös sind, wenn sie um finanzielle Unterstützung bitten, und weil sie befürchten, ihre Wohnung zu verlieren. Sobald Sie erkennen, dass Sie diese Gefühle haben, fragen Sie sich, ob Sie übermäßig hart zu sich selbst sind. Hören Sie auf, sich selbst so zu verurteilen! Sie können sich zum Beispiel selbstbewusst sagen, dass alles in Ordnung ist, weil Sie nicht versagt haben, Ihr Geld zu verwalten. Das Geld für das Stipendium ist nicht rechtzeitig angekommen. Das lag nicht an Ihnen. Außerdem hatten Ihre Eltern das nötige Geld und haben verstanden, dass es sich nur um ein vorübergehendes, unverschuldetes Liquiditätsproblem handelte. Weiterhin gibt es keinen Grund, sich um eine Zwangsräumung zu sorgen, weil Sie das Darlehen zur Zahlung Ihrer Miete sichern konnten. Sie sollten ein gutes Gefühl dafür haben, wie Sie das Problem rechtzeitig erkannt, Ihre Ressourcen genutzt und das Problem gelöst haben, bevor es wirklich negative Folgen für Sie gehabt hätte.

Versuchen Sie, sich selbst davon zu überzeugen, dass Sie begeistert sind

Bemühen Sie sich bewusst, Ihre Emotionen neu auszurichten. Ihr Körper glaubt während eines Angstzustandes, dass diese Emotionen eine Reaktion auf negative Reize sind, auf Gefahren, vor denen wir geschützt werden müssen. Was geschieht, wenn Ihr Körper glaubt, dass diese physischen Reaktionen ein Zeichen von Aufregung oder Begeisterung sind, weil etwas Gutes passieren könnte? Sagen Sie sich selbst: Das ist aufregend! Könnte das Ergebnis für Sie positive Auswirkungen haben? Was sind all die guten Dinge, die dabei herauskommen könnten? Sagen Sie Ihrem Körper nicht, dass die Emotionen den drohenden Untergang signalisieren, sondern dass diese Emotionen eine neue aufregende Gelegenheit darstellen.

Manchmal entwickeln unser Geist und unser Körper eine Bindung in der Beziehung zwischen Stimuli und Reaktion und das macht sie uns vertraut, auch wenn es vielleicht nicht angenehm ist. Der Körper reagiert auf dieselben Auslöser immer auf dieselbe Art und Weise. Wenn wir uns ängstlich und nervös fühlen, denken wir oft über all die negativen Wahrscheinlichkeiten einer Situation sowie über all die Möglichkeiten nach, wie wir versagen oder uns selbst enttäuschen könnten. Aus diesem Grund verbinden Körper und Geist diese Art von Situation und die von Ihnen empfundenen Emotionen mit einem negativen Ergebnis.

Aufgrund dieser Tendenz von Körper und Geist, die auf Gewohnheit beruht, kann es schwierig sein, diese Gefühle umzuleiten und in herausfordernden Situationen einen Durchbruch zu erzielen. Anstatt gedanklich an den gleichen negativen Ort zu gehen, wenn Sie sich ängstlich und nervös fühlen, denken Sie bewusst an all die Möglichkeiten, wie die Situation erfolgreich sein und für Sie funktionieren könnte. Dann wird Ihr Körper beginnen, dieselben Gefühle mit der Positivität des Erfolges zu verbinden.

Sie müssen sich selbst davon überzeugen, dass die Gefühle in diesem Moment der Bedrängnis das Signal für den Beginn einer aufregenden Sache sind, die noch kommen wird. Es kann schwer sein, sich nicht auf das Negative zu konzentrieren, weil es so mächtig ist und so viel von unserem Bewusstsein einnimmt. Zudem kann es einige Zeit dauern, die negativen Gefühle von Angst und Nervosität zu erkennen und sie in einen Zustand der Aufregung zu verwandeln, aber Sie können sich darin üben. Sie werden aufhören, sich vor diesen Gefühlen zu fürchten und beginnen, sie zu nutzen, um mehr Begeisterung in Ihr Leben zu bringen.

Erfolg visualisieren

Die Menschen sprechen oft über Visualisierung und es gibt einen guten Grund, warum sie als Werkzeug für viele große und herausfordernde Dinge eingesetzt wird. Die Visualisierung ist ein wirksames Mittel, um unser Gehirn von negativen zu positiven Orten zu bewegen. Wenn wir uns vorstellen, auf welche Weise wir bei unserem Vorhaben Erfolg haben könnten und wie diese Situation aussehen würde, dann wechselt unser emotionaler Zustand von negativer Nervosität und Angst zu einem Zustand positiver Aufregung und Erwartung.

Um negative Emotionen zu überwinden, müssen wir uns die Zeit nehmen, bewusst etwas anderes mit unserem Verstand und unserer Vorstellungskraft zu tun. Anstatt sich all die Dinge vorzustellen, die schiefgehen könnten, müssen wir uns vorstellen, was alles richtig laufen könnte. Dies wird dazu beitragen, Ihre emotionale Energie aufgrund der oben erwähnten Assoziationskraft von negativ in positiv zu transformieren.

Möglicherweise müssen Sie sehr hart daran arbeiten, um Ihre Wahrnehmung von sich selbst zu verändern und um sich auf den möglichen Erfolg zu konzentrieren, der sich aus der Situation, in der Sie sich befinden, ergeben könnte. Konzentrieren Sie sich darauf, sich vorzustellen, dass Sie auf der anderen Seite der Angst stehen und sich besser fühlen. Stellen Sie sich vor, wie weit Sie vorankommen könnten, wenn Sie sich auf die erfolgreiche Lösung Ihrer Situation konzentrieren würden. Das ist etwas, was Sie tun können, um sich effektiv an den Punkt zu bringen, an dem Sie die Auslöser Ihrer Angst erkennen und Ihre Gedanken umlenken können, bevor sich diese negativ auf Sie auswirken.

Zusammenfassung des Kapitels

In diesem Kapitel haben wir gelernt, dass es möglich ist, Angst und Nervosität in einen Zustand der Aufregung zu verwandeln.

Dazu müssen wir zunächst überprüfen und verstehen, was die Auslöser für unsere Angst sind und wie sich diese in körperlichen Reaktionen unseres Körpers manifestieren. Angst und Nervosität können sich im Körper in Form von Schütteln, nervösen Bewegungen oder nervösem Sprechen, kurzen Atemzügen, Hitzewallungen und Übelkeit ausdrücken. Sie können auch eine erhöhte Herzfrequenz, Unruhe und Schlaflosigkeit erleben. Gleichzeitig sind dies ebenso einige der Symptome von Aufregung.

Cung Khuu, ein Autor über persönliche Entwicklung, erklärt, wie Nervosität und Angst in Aufregung umgewandelt werden können. Er schlägt eine Reihe nützlicher Schritte vor, wie Sie dies erreichen können. Diese vier Schritte erfordern es, dass:

- Sie Ihre Emotionen anerkennen
- Sie aufhören, sich selbst hart zu kritisieren
- Sie sich sagen, dass Sie aufregt sind
- Sie Erfolg visualisieren

Wenn Sie lernen, Ihre negativen Emotionen und körperlichen Reaktionen auf Stress in etwas Positives, wie Aufregung, umzuwandeln, hat das viele langfristige gesundheitliche Vorteile - sowohl physisch als auch emotional. Erhöhter Stress und Angstzustände können zu vielen der modernen tödlichen Krankheiten, wie Herzinfarkt und Schlaganfall, führen.

Verzweifeln Sie nicht, wenn es Ihnen anfangs schwer fällt, Ihre Angst und Nervosität in Aufregung zu transformieren. Es kann einige Zeit dauern, Ihren Körper zu trainieren, negative Emotionen und körperliche Reaktionen zu erkennen und in eine positive Richtung umzuleiten, aber Sie werden es schaffen.

Im nächsten Kapitel werden Sie lernen, wie wichtig es ist, eine Liste mit freudigen Aktivitäten zu erstellen und sich dann darauf einzulassen.

KAPITEL 7:

Erstellen Sie Ihre persönliche Liste von freudigen Aktivitäten

In diesem Kapitel werden Sie erfahren, wie die bewusste Entscheidung, Freude in unserem Leben zu suchen, viele Vorteile haben kann. Wenn wir Freude in unser Leben aufnehmen, nimmt sie Platz in unserem emotionalen und physischen Bewusstsein ein. Je nachdem, wie viel Raum und Zeit wir der Freude einräumen, gibt es weniger Platz für Angst, Nervosität und die lähmenden Auswirkungen, die ein Zustand des übermäßigen Denkens auf unser Wohlbefinden haben kann. Wenn wir in unserem Leben Zeit und Raum schaffen, um Freude zu finden und zu erleben, stellen wir uns für die positiven Gefühle zur Verfügung, die dies mit sich bringt.

Wie Sie wissen, sind wir alle sehr unterschiedliche Menschen, die im Leben verschiedene Dinge durchmachen. Es ist wichtig, sich daran zu erinnern, dass es wahrscheinlich allgemeine Ähnlichkeiten mit den Erfahrungen anderer gibt, obwohl die Besonderheiten dessen, was wir durchmachen, variieren können. Wir alle haben ein gewisses Maß an Sorge über Finanzen, Erfolg, Gesundheit usw. Zudem haben wir alle unterschiedliche Wege, mit den Problemen umzugehen, mit denen wir konfrontiert sind. Einige Menschen sind in der Lage, diese Herausforderungen mit Ruhe und Anmut anzunehmen. Andere grübeln übermäßig lange, haben Panikattacken oder erleben einen Anstieg der emotionalen Stabilität. Manche Menschen brauchen vielleicht länger, um einen Ausweg aus ihrer schwierigen Situation zu finden. Andere haben vielleicht schnelle und definitive Lösungen. So oder so müssen wir uns alle dazu verpflichten, unsere Bedenken auf eine für Körper und Geist gesunde Art und Weise zu lösen.

Aufgrund der Zeit und Energie, die wir für die Gefühle und Symptome von Angst und zwanghaftem Überdenken aufwenden, bleibt uns möglicherweise wenig Zeit, über etwas anderes nachzudenken. Sie werden an einen Punkt kommen, an dem Sie die Entscheidung treffen müssen, in Ihrem Bewusstsein Raum für das Empfinden von Freude zu schaffen.

Raum für Freude schaffen

Wenn Sie in der Lage sind, ein freudiges oder angenehmes Ereignis zu erleben, verursacht dies einen Anstieg von Endorphinen, was Ihnen ein gutes Gefühl gibt. Darüber hinaus kann sich Ihr Körper entspannen, Ihr Verstand wird klarer, Sie lächeln und Ihre Nervosität lässt nach. Diese allgemeinen Auswirkungen führen zu einer positiveren Lebenseinstellung. Während der Zeit, in der Sie „Spaß hatten", haben Sie nicht über Ihre Angst nachgedacht. Ist das nicht eine Erleichterung?

Wir alle haben verschiedene Dinge, die uns wahre Freude bereiten. Vielleicht haben Sie ganz bestimmte Dinge, die Gefühle von Glück und Freude auslösen. Wir haben uns bei einem Großteil dieses Buches auf negative Auslöser konzentriert, aber lassen Sie uns einen Moment lang über positive Auslöser sprechen. Es gibt einige Dinge, die wir in der Vergangenheit getan haben und von denen wir wissen, dass sie uns Freude, Vergnügen oder Aufregung bringen. Es ist an der Zeit, diese Erinnerungen aufzurufen und sie, wenn möglich, neu zu erleben. Vielleicht haben Sie zum Beispiel ein Lieblingslied, das Sie mit einem besonders unterhaltsamen Abend verbinden, den Sie erlebt haben. Wann immer Sie dieses Lied hören, werden Sie sofort in diese Erinnerung versetzt und Ihr Körper erlebt diese Gefühle der Freude erneut. Dies sind positive Auslöser. Vielleicht lieben Sie es, zu schwimmen, und jedes Mal, wenn Sie an einem Freizeitzentrum mit Schwimmbad vorbeifahren, erinnert sich Ihr Körper daran, wie gut es sich anfühlt, ins Wasser einzutauchen.

Eine Bestandsaufnahme machen

Wir haben zuvor besprochen, eine Liste der Dinge zu erstellen, die Ihnen Angst machen. Aus ähnlichen Gründen ist es nützlich, eine Liste der Dinge zu erstellen, die Ihnen Freude bereiten, Ihnen Spaß machen oder Sie begeistern, wenn Sie darüber nachdenken oder sich darauf einlassen.

Sofern Sie eine Liste haben, auf die Sie sich beziehen können, kann es Ihnen leichter fallen, positive Entscheidungen zu treffen, wenn Sie sich in einer schwierigen Situation befinden. Betrachten Sie diese Liste als Ihren „Spickzettel für die Suche nach Freude".

Seien Sie nicht schüchtern. Nehmen Sie sich die Zeit, sich selbst zu bewerten. Es ist vielleicht nicht leicht, weil Sie in letzter Zeit so wenig Freude in Ihrem Leben hatten, dass Sie sich nicht mehr genau daran erinnern können, welche Dinge Ihnen früher Spaß gemacht haben. Vielleicht haben Sie das Gefühl, es wäre egal, weil Sie weder Zeit, Geld noch Energie haben, um diese Dinge zu tun – selbst dann, wenn Sie eine Liste erstellen könnten. Das ist in Ordnung. Machen Sie die Liste trotzdem. Sie können sie später in Kategorien unterteilen und sie zum Planen verwenden. Die Liste hat alle möglichen Verwendungszwecke. Sie können sie zum Beispiel als Auslöser verwenden, um sich einfach an gute Dinge zu erinnern, was sich unmittelbar positiv auf Ihr Gemüt auswirken wird. Wenn die Liste anfangs kurz ist, fügen Sie einfach Dinge hinzu, während Sie an etwas denken. Sie können sogar Dinge auf die Liste setzen, von denen Sie glauben, dass sie Ihnen gefallen könnten. Probieren Sie diese dann aus, um zu sehen, ob es tatsächlich so ist. Denken Sie nicht daran, dass die Dinge auf der Liste Geld kosten könnten. Es gibt viele schöne Dinge, die Sie tun können und die kostenlos sind.

Vielleicht ist das, was Ihnen Freude oder Vergnügen bereitet, nicht dasselbe wie für andere Menschen. Das macht diese Listen in der Tat so interessant. Vielleicht sind Sie sogar überrascht, was Sie alles aufschreiben. Vielleicht ist es ein bestimmtes Essen, ein besonderes Lied oder ein Spaziergang mit Ihrem besonderen

Menschen. Vielleicht ist es das Aussäen von Samen in Ihrem Garten. Vielleicht ist es das Beobachten von Vögeln. Es spielt keine Rolle, was auf der Liste steht, solange Sie ehrlich zu sich selbst sind und es Ihnen Freude bereitet. Denn diese Liste ist Ihr persönlicher Werkzeugkasten. Die Punkte auf dieser Liste werden zu den wichtigsten Elementen, auf die Sie zurückgreifen können, wenn Sie Ihren geistigen und körperlichen Zustand neu ausrichten müssen.

Nachdem Sie Ihre Liste erstellt haben, machen Sie einen Plan, um diese Aktivitäten in Ihr Leben zu integrieren. Was auch immer Sie tun, nehmen Sie sich Zeit, um sich aktiv mit den Tätigkeiten zu beschäftigen, die Ihnen ein gutes Gefühl geben. Neben der Möglichkeit, positive Emotionen zu erleben, gibt es weniger Raum für den Einfluss von Angst auf Ihr Leben. Da Sie sich in einem positiveren geistigen und körperlichen Zustand befinden, sind Sie auch widerstandsfähiger gegen die Auslöser der Angst. Es gibt einige Aktivitäten, die man normalerweise entweder alleine oder mit anderen genießt. Diese können ein Ausgangspunkt für Ihre Liste sein, wenn Sie anfangs Schwierigkeiten mit der Erstellung haben.

Aktivitäten, die Spaß machen könnten

Sobald Sie die entsprechende Selbstreflexion durchgeführt haben, liegt Ihnen eine Liste vor, mit der Sie arbeiten können. Auf dieser Liste sollten nur Dinge stehen, die Ihnen Freude, Vergnügen oder positive Aufregung bringen. Das sind Dinge, die die Fähigkeit haben, Sie aus Ihrem negativen Zustand herauszuholen und Ihnen ein Lächeln ins Gesicht zu zaubern oder Sie auf eine andere Weise glücklich zu machen. Die Dinge, von denen Sie wissen, dass sie Ihnen Freude bereiten, sollten Sie fest in Ihrem Leben einplanen. Überlassen Sie es nicht dem Zufall, sich Zeit für die von Ihnen bevorzugten Aktivitäten zu nehmen. Sie müssen die Dinge auf Ihrer Liste tatsächlich tun, um den vollen Nutzen zu erhalten. Es ist in Ordnung, einfach darüber nachzudenken und sich daran zu erinnern, wann Sie Freude empfunden haben, aber es ist noch besser, wenn Sie die Erfahrung noch einmal durchleben und diese Gefühle neu erschaffen, sodass Sie sie klar empfinden und den Nutzen der tatsächlichen körperlichen Reaktion erleben.

Schauen wir uns einige der Dinge an, die den Menschen normalerweise Freude, Genuss, Frieden, Zufriedenheit und andere positive Emotionen bringen. Einige dieser Aktivitäten sind vielleicht zunächst nicht von Interesse für Sie, aber Sie sollten sich überlegen, ob Sie nicht neue Dinge ausprobieren wollen. Vielleicht sind Sie überrascht, worauf Ihr Körper reagiert. Viele dieser Aktivitäten werden regelmäßig von Menschen genutzt, die mehr Freude in ihr Leben bringen wollen.

Sehen Sie sich einen lustigen Film oder eine lustige Show an

Es wird oft gesagt, dass Lachen die beste Medizin ist. Das stimmt wirklich! Während einige Leute sagen, dass das Anschauen einer beliebigen TV-Sendung eine Ablenkung sein kann, haben Sendungen, die lustig sind, den Vorteil, unsere Stimmung zu verändern. Sie lassen uns unsere Probleme vergessen und uns einfach in eine andere Realität versinken. Bevor man sich versieht, lacht man über einen Witz und bekommt einen Endorphin-Rausch. Sie versetzen dadurch Ihren Geist von einem Zustand der Angst in einen Zustand der Freude. Sie merken vielleicht, dass Ihre körperliche Spannung nachlässt und Sie weniger nervös und gereizt sind. Vielleicht haben Sie eine ganze halbe Stunde lang nicht über Ihre Probleme nachgedacht! Wenn Sie sich dazu entschließen, dies wenigstens einmal am Tag zu tun, können Sie sich auf diese Zeit freuen, in der Sie die emotionalen und körperlichen Vorteile des Lachens ernten. Wenn Sie eine größere Dosis unbeschwerten Lachens brauchen, versuchen Sie es mit einem Stand-up-Comedy-Special oder einer Filmkomödie. Unterschätzen Sie nicht den Wert des Lachens, auch wenn Sie sich „blöd" oder „kindisch" vorkommen. Selbst dann, wenn Sie nicht viel lachen können, werden Sie Zeit damit verbracht haben, nicht über Ihre Probleme nachzudenken. Wenn Ihre Probleme, trotz dieser Shows, immer wieder in den Vordergrund treten, verzweifeln Sie nicht. Versuchen Sie es mit einer anderen Show oder mit einem anderen Komiker.

Manchmal können wir einen großen Nutzen daraus ziehen, wenn wir einen Film oder eine Show sehen, die uns von unseren Problemen ablenkt. Es ist wichtig, keine Sendungen zu wählen, die Sie aufregen, negative Erinnerungen auslösen oder Sie zu sehr an Ihre eigene Situation erinnern. Es geht darum, einen positiven Beitrag zu Ihrem Leben zu leisten. Vielleicht fällt es Ihnen leichter, wenn Sie einen guten Actionfilm oder eine schöne Romanze auswählen. Solange Sie sich beim Zuschauen gut fühlen, sind Sie auf dem richtigen Weg. Deshalb ist es wichtig, verschiedene Dinge in unterschiedlichen Variationen auszuprobieren, bis es Ihnen gelingt, die perfekte Aktivität für Sie zu finden.

Verbringen Sie Zeit mit künstlerischen Aktivitäten oder schätzen Sie diese

Im Laufe der Geschichte wurden einige der weltberühmtesten künstlerischen Werke, insbesondere Gemälde, von Künstlern während eines Zustandes tiefgreifender Emotionen geschaffen. Sie mögen verliebt, glücklich und wohlhabend gewesen sein oder sie wurden verfolgt, waren vielleicht zornig und arm. Einige langweilten sich sogar und schufen einfach etwas, das sie überhaupt nicht inspirierte. Der Künstler lebte vielleicht in einem Land, wo Frieden herrschte oder er wurde als Nachkomme eines Revolutionärs geboren, der in seinem Land für die Menschenrechte kämpfte. All diese Faktoren beeinflussen die Emotion, die in der Kunst zum Ausdruck kommt, die wir betrachten. Wie bei den extremen Emotionen, die zur Schaffung eines genialen Kunstwerkes führen, können durch dessen Betrachten ebenfalls starke und tiefe Emotionen und körperliche Reaktionen in uns hervorgerufen werden. Es kann sein, dass wir beim Betrachten eines Gemäldes ein Gefühl der Sehnsucht oder Zufriedenheit empfinden. Für jemand anderen mag es langweilig sein. Ein anderes Kunstwerk mag uns Freude bereiten, weil es ein

Thema zeigt, das uns sehr am Herzen liegt, wie z. B. ein Kind mit einem Welpen oder eine lächelnde Frau, die an einem sonnigen Strand Muscheln sammelt.

Man muss nicht viel Geld haben, um ein Kunstliebhaber zu sein. Einige der besten Kunstwerke sind in kostenlosen Galerien und Museen zu sehen. Auch Bibliotheken und Antiquariate haben eine riesige Auswahl an Büchern über Kunst, die Sie in aller Ruhe anschauen können. Gehen Sie in eine offene Kunstgalerie oder einen Kunsthandwerk-Geschenkeladen, was auch immer in Ihrer Nähe ist. Leihen Sie sich Bücher aus der Bibliothek aus, die Kunst aus verschiedenen Epochen und von verschiedenen Künstlern zeigen.

Wenn Sie Kunstwerke betrachten, werden Sie feststellen, dass Sie auf einige von ihnen eine emotionale Reaktion haben. Wenn Sie Bilder finden, die Sie glücklich oder freudig stimmen, nehmen Sie sie zur Kenntnis und kehren Sie oft zu ihnen zurück, um das gute Gefühl, das Sie beim Betrachten haben, wieder zu erwecken. Wenn Sie in der Lage sind, eine Kopie des Kunstwerkes oder des Bildes zu bekommen, kann es von Vorteil sein, es in einem Bereich Ihres Hauses aufzustellen, wo Sie es oft sehen können. Auf diese Weise werden Sie viele Gelegenheiten haben, das Gefühl der Freude, das Sie beim ersten Anblick hatten, wiederzuerwecken.

Das Schaffen von Kunst ist mit viel Gefühl verbunden und Ihre eigene Kunst kann eine ausgezeichnete Möglichkeit sein, einen regelmäßigen Zufluss von Freude in Ihrem Leben zu erzeugen.

Das Schaffen von Kunst ist ein wirkungsvolles Ventil für Ihre negative Energie und kann ein Weg sein, mehr Positivität in Ihre Welt zu bringen. Wenn Sie wütend sind, können Sie diesen Ärger vielleicht ausdrücken und ihn aus Ihrem System entfernen, indem Sie ein ausdrucksstarkes Kunstwerk erschaffen, das Ihren emotionalen Zustand zeigt. Künstler sind oft in der Lage, die Emotionen, die sie durchleben, in ihren Gemälden, Skulpturen und anderen künstlerischen Werken zu vermitteln.

Gemälde, Zeichnungen, Skulpturen, Fotos, Wandteppiche und andere Kunstformen können Ärger, Verwirrung, Angst, Verzweiflung, Schrecken und ein breites Spektrum weiterer negativer Emotionen ausdrücken. Sie können jedoch auch Liebe, Bewunderung, Ruhe, Verehrung, Freude, Belustigung und andere positive Emotionen ausdrücken. So wie die Künstler, im Laufe der Jahrhunderte, die Kunst als Ventil für ihre emotionale und physische Energie genutzt haben, können auch Sie davon profitieren, wenn Sie das Erschaffen von Kunst nutzen, um Negativität loszulassen und Platz für Freude zu gewinnen.

Sie müssen nicht einmal ein guter Künstler sein, um dieses Hilfsmittel zu benutzen, noch müssen Sie jemals jemandem zeigen, was Sie erschaffen haben. Sie müssen nicht einmal das, was Sie erschaffen haben, behalten. Sie müssen sich nur dazu verpflichten, Ihre Gefühle in die Kunst einzubringen, anstatt sie zu verinnerlichen. Es ist das Verinnerlichen unserer negativen Emotionen, das unseren Körper und Geist dazu bringt, Anzeichen von Bedrängnis auszudrücken. Sie werden oft durch übermäßiges Denken, Grübeln und Selbstzweifel hervorgerufen.

Denken Sie über die Sache nach, die Sie stört und erschaffen Sie etwas, das dies für Sie zum Ausdruck bringt. Es kann sogar abstrakt sein und nach gar nichts aussehen, solange Sie dies als Chance nutzen, den Kummer, den Sie empfinden, in die Kunst zu lenken. So geben Sie ihr Zeit und eine Stimme. Wenn Sie fertig sind, können Sie weggehen und über andere Dinge nachdenken oder über gar nichts. Diese Gelegenheit, die Emotionen aus Ihrem Körper zu vertreiben und loszulassen, kann sehr befreiend sein, denn sie gibt Ihnen die Möglichkeit, diese Emotionen „auf der Leinwand zu lassen".

Kunst kann ein starkes Ventil für negative Emotionen sein, aber viele Menschen ziehen es vor, sich beim Erschaffen von Kunst auf positive Gedanken zu konzentrieren. Sie tun das, um Freude und Zufriedenheit in ihr Leben zu lassen. Ihnen gefällt es, etwas zu erschaffen, ganz gleich, was es ist. Sie versuchen, etwas neu zu erschaffen, das sie schön oder beruhigend finden, und indem sie ein beruhigendes Bild neu erschaffen, sind sie in der Lage, Ruhe in ihren eigenen Körper und Geist zu bringen. Etwas selbst zu erschaffen, kann sich positiv auf Ihre Perspektive und Ihr Selbstwertgefühl auswirken. Es bereitet Freude und Stolz zu sagen: „Das habe ich selbst gemacht." Jedes Mal, wenn Sie sich Ihr Kunstwerk ansehen, haben Sie die Möglichkeit, positive Emotionen, die mit Freude und persönlichem Stolz verbunden sind, wiederzuerwecken. Vielleicht haben Sie es versucht und glauben nicht, dass Sie gut genug sind, um weiterzumachen. Verkaufen Sie sich nicht unter Ihrem Wert. Die Tatsache, etwas zu erschaffen, zählt und nicht die Qualität des Ergebnisses. Sie müssen es nicht einmal behalten, wenn Sie es nicht wollen, aber Sie werden immer diesen Stolz verspüren, dass Sie Ihre Zeit damit verbringen, etwas Schönes und Erfreuliches zu erschaffen.

Wenn Sie erst einmal anfangen nachzuschauen, was es alles gibt, werden Sie so einige erstaunliche Kunstwerke finden, darunter Gemälde, Zeichnungen, Fotografien, Wandteppiche, Skulpturen und viele verrückte, lustige Kunsthandwerke. Bleiben Sie offen für Kunstformen, die Sie vielleicht noch nie gesehen oder ausprobiert haben. Womöglich werden Sie erstaunt sein, was Ihnen Freude bereitet. Die Kunst von anderen kennenzulernen, kann Sie dazu inspirieren, selbst Kunstwerke zu erschaffen. Vielleicht sehen oder versuchen Sie etwas Neues und stellen fest, dass es Ihnen sehr gefällt und dass es in Ihnen Freude oder andere positive Emotionen hervorruft. Unabhängig davon, für welche Art der Kunst Sie sich entscheiden, nutzen Sie diese als Hilfsmittel, um negative Emotionen zu beseitigen und positive Emotionen auszudrücken oder zu erzeugen.

Hören und praktizieren Sie Musik

Wer kennt es nicht? Wir alle haben schon einmal gesagt: „Oh, ich liebe dieses Lied!", wenn wir einen Song, den wir mögen, gehört haben. Sofort überkommt uns ein Gefühl der Freude, ein Lächeln strahlt über unser Gesicht und wir fangen vielleicht an, mit den

Zehen zu wackeln oder sogar ein wenig zu tanzen. So fühlt sich plötzliche Freude an und wir sollten uns bemühen, diese Gefühle zu wiederholen, wann immer wir können. Es fällt schwer, sich auf seine Ängste zu konzentrieren, wenn man zu einem Lied mitsingt, das gute Laune versprüht.

Musik zu hören ist eine tolle Alternative, etwas anderes zu tun als sich zu sorgen. Um jedoch wirklich erfolgreich damit zu sein, muss man aktiv zuhören und darf seine Gedanken nicht schweifen lassen. Am besten ist es, wenn Sie mitsingen können, da dies Ihren Körper vollständig miteinbezieht. So hört man nicht nur die Musik, sondern bekommt auch Endorphin-Schübe, die sich positiv auf unsere Atmung auswirken und uns in Bewegung bringen wollen. Wenn Sie irgendwo sind, wo Sie nicht mitsingen können, hören Sie aufmerksam auf die Worte und die Musik. Versuchen Sie nur an den Text und den Rhythmus zu denken und lassen Sie Ihre Gedanken nicht abschweifen.

Zum Musikhören gehört auch das Musizieren. Es kann sehr erfreulich sein, ein Instrument zu spielen, auch wenn Sie nicht sehr gut darin sind. Wenn Sie die Gelegenheit dazu haben, üben Sie das Musizieren. Es ist eine große Ablenkung, da es Ihren Geist und Ihren Körper dazu veranlasst, sich auf eine bestimmte Tätigkeit zu konzentrieren. Sie können auch singen, wenn Sie möchten. Dies bezieht Geist und Körper voll ein und schließt negative Gedanken aus. Vielleicht haben Sie in der Schule ein Instrument gelernt, haben es aber seit Jahren nicht mehr gespielt. Versuchen Sie, dieses Instrument aus der Schulzeit in einem Secondhandladen zu finden und fangen Sie wieder an zu spielen. Sie werden erstaunt sein, wie schnell Sie es wieder erlernen. Vielleicht wollten Sie auch schon immer mal ein ganz bestimmtes Instrument erlernen. Holen Sie es sich und fangen Sie an, es zu erlernen. Das Internet und die Bibliothek bieten viele Ressourcen, wenn Sie kein Geld für den Unterricht ausgeben wollen. Vielleicht wurde Ihnen ein Instrument geschenkt oder Sie haben es von einem Freund oder einem Familienmitglied geerbt. Das ist die perfekte Gelegenheit, etwas Neues auszuprobieren. Wenn Sie keinen Zugang zu Instrumenten haben, ist Trommeln eine gute Option, denn Sie können alles als Trommel benutzen und entweder mit den Händen, Besteck oder Stäbchen auf die Oberfläche klopfen. Einfach im Takt eines Liedes, das Ihnen gefällt, auf dem Tisch zu klopfen, kann ungeheuren Spaß machen und ist sehr zu empfehlen.

Es gibt eine sehr wichtige Sache, die Sie im Falle von Musik zur Veränderung Ihrer Stimmung beachten sollten. Sie müssen darauf achten, dass Sie optimistische, fröhliche oder hoffnungsvolle Lieder hören und spielen. Wenn Sie sich Sorgen um Ihre Finanzen oder den möglichen Verlust Ihres Arbeitsplatzes machen, kann Sie ein trauriges Lied über jemanden, der gerade finanziell ruiniert ist, in tiefere Verzweiflung versetzen.

Das Wichtigste dabei ist, dass, wenn Sie Musik nutzen, um mehr Freude zu verspüren, Sie Musik finden müssen, die in Ihnen und mit Ihnen mitschwingt. Sie müssen diese Musik regelmäßig hören oder praktizieren, damit Sie mehr Freude in Ihrem Leben verspüren.

Leisten Sie wohltätige Arbeit

Manchmal ist der beste Weg, uns von unseren Problemen abzulenken oder unseren emotionalen Zustand zu verändern, wenn wir anderen helfen. Das gilt vor allem dann, wenn man von negativer Energie überhäuft wird und dafür ein Ventil braucht. Ähnlich verhält es sich, wenn Sie sich nur darauf konzentrieren, anderen zu helfen. Dann sind Ihr Geist und Ihr Körper zu beschäftigt und Sie haben keinen Freiraum mehr, sich um Ihre eigenen Probleme zu kümmern. Wenn Sie die Probleme anderer sehen, erhalten Sie manchmal eine andere Perspektive für Ihre eigene Situation und fühlen sich besser. Manchmal trifft man auf andere großartige, aufrichtige und fürsorgliche Menschen, die ebenfalls wohltätige Arbeit leisten. Das sind die positiven Menschen, mit denen man gerne zusammen sein möchte.

Wenn wir anderen helfen, fühlen wir uns stolz, weil wir Gutes leisten oder weil der andere vor Freude strahlt, wenn er etwas Gutes bekommt, womit er nicht gerechnet hat. Stress und Angst können oft durch Freude und Glück ersetzt werden, wenn wir uns an wohltätiger Arbeit beteiligen. Es spielt dabei keine Rolle, ob Sie nur wenig Zeit haben und deshalb spenden oder ob Sie in Ihrer Gemeinde eine Wohltätigkeitsorganisation finden, die Ihnen am Herzen liegt und Sie Ihre Zeit darin investieren. Wenn die meisten Menschen über Wohltätigkeitsarbeit nachdenken, denken sie automatisch an Lebensmittelbanken und Suppenküchen, aber das ist nur ein winziger Bruchteil der Organisationen, die Ihre Hilfe gebrauchen könnten. Wenn Sie gut mit Kindern und Jugendlichen umgehen können, könnten Sie vielleicht an einem Betreuungsprogramm für Jugendliche oder in einem Gemeindezentrum teilnehmen. Wenn Sie gut mit Tieren umgehen können und es Ihnen Freude bereitet, könnten Sie vielleicht in einem örtlichen Tierheim ehrenamtlich arbeiten und mit Hunden Gassi gehen oder mit Katzen spielen. Helfen Sie mit, Geld für Umweltsanierungen zu sammeln oder sich daran zu beteiligen. Schreiben Sie Briefe für ältere Menschen oder helfen Sie ihnen beim Einkaufen. Das kann auch bedeuten, dass Sie Ihre Zeit und Energie anderen zur Verfügung stellen. Da Sie aber diese Zeit und Energie ohnehin nur damit verschwendet hätten, ängstlich zu sein, nutzen Sie sie lieber, um anderen zu helfen.

Anderen Menschen Hoffnung zu geben und ein Lächeln ins Gesicht zu zaubern, ist sehr lohnenswert und erzeugt eine Vielzahl positiver Emotionen und das führt wiederum zu weniger Angst. Es ist sehr erfreulich, wenn man einen positiven Einfluss auf das Leben eines anderen Menschen hat.

Nehmen Sie mehr am gesellschaftlichen Leben teil

Viele Menschen lieben einfach ihre eigene Gesellschaft und ziehen es vor, alleine zu sein. Manchmal lieben die Menschen ihre eigene Gesellschaft nicht, sind aber nervös im Umgang mit anderen. Manchmal sind wir einfach so beschäftigt, dass wir keine Zeit für

Menschen außerhalb unseres unmittelbaren Familien- und Freundeskreises haben. Doch zu viel alleine zu sein oder keine Zeit für soziale Kontakte zu finden, kann sich sehr nachteilig auf unsere emotionale Gesundheit auswirken. Es ist leicht, in seiner Angst gefangen zu bleiben, wenn man alleine ist und keine anderen Meinungen oder Perspektiven hat, um seine negativen Gedankenmuster zu unterbrechen. Wenn Sie unter Angstzuständen leiden, kann es viele Vorteile haben, aus Ihrem einsamen Zustand herauszukommen, in welchem Sie vermutlich über all die Dinge nachdenken, die Sie ängstlich machen.

Wenn Sie, aus welchen Gründen auch immer, keine Freunde haben, mit denen Sie sich austauschen können, gibt es in der Gemeinschaft immer noch viele Möglichkeiten für soziale Interaktionen. Geselligkeit kann so einfach sein. Beginnen Sie z. B. eine Unterhaltung mit dem Kassierer in Ihrem Lebensmittelgeschäft. Oder trinken Sie einfach einen Kaffee mit einem Kollegen in der Mittagspause. Es kann auch etwas Extravagantes sein, wie die Annahme einer Einladung zu einer Dinnerparty oder einer Veranstaltung der Arbeit oder die Teilnahme an einer Hochzeit. Vielleicht könnten Sie auch einem örtlichen Club oder einer Gruppe in einem Gemeindezentrum beitreten. All dies sind Möglichkeiten, sich sozial mit anderen zu engagieren und sich selbst die Möglichkeit zu geben, Freude zu erleben.

Wenn wir positive Interaktionen mit anderen haben, lenkt uns das von der Quelle unserer Angst ab. Möglicherweise stellen wir fest, dass wir Dinge erfahren, die interessant oder amüsant sind, wenn wir anderen Menschen zuhören. Sehen wir zudem, dass andere unsere Gesellschaft genießen und wir gut mit anderen interagieren können, gibt uns das ein gesteigertes Selbstwertgefühl und öffnet uns dafür, uns selbst und unsere Situation positiver zu empfinden.

Wenn wir „hinausgehen und Kontakte knüpfen" und an öffentlichen Versammlungen oder Veranstaltungen teilnehmen, werden wir von einer Reihe neuer Reize überflutet und einige von ihnen können zu Gefühlen der Freude führen. Wir können jemandem begegnen, der interessant ist und etwas Neues lernen. Oder aber wir hören jemanden eine wirklich lustige Geschichte erzählen und das bringt uns zum Lachen. Vielleicht haben wir die Gelegenheit, gute Musiker spielen und sogar tanzen zu sehen. All dies führt zu positiveren Emotionen und versetzt unseren Körper in einen anderen physischen und emotionalen Zustand.

Der Besuch einer Veranstaltung oder auch nur der Gedanke daran, zu gesellschaftlichen Ereignissen zu gehen, können Sie schon als stressig und ängstlich empfinden, sodass Sie eine Entscheidung treffen müssen, mit der Sie sich wohlfühlen. Möglicherweise haben Sie aufgrund Ihrer Besorgnis Angst davor, hinauszugehen und mit anderen zu interagieren, aber ironischerweise ist das vielleicht der beste Ausweg aus Ihrem schlechten emotionalen Zustand. Ergreifen Sie die Gelegenheit, zu geselligen Treffen zu gehen. Wenn Sie es als schwierig empfinden, arbeiten Sie daran, allmählich toleranter zu werden und sich daran zu gewöhnen, mit anderen zu interagieren. Sagen Sie sich selbst, dass Sie die Veranstaltung jederzeit verlassen können und nicht bleiben müssen, aber versuchen Sie, hinzugehen. Wenn Sie jedoch eine positive Interaktion haben, dann bleiben Sie vielleicht einfach vor Ort.

Zeit für Familie und Freunde

Eine Familie zu haben kann von großer Bedeutung in unserem Leben sein, vor allem, wenn wir nach Unterstützung in gewissen Situationen suchen. In solchen Situationen kann man sehr von seiner Familie abhängig sein, wobei manche Menschen mehr auf ihre Familie zählen können als andere. Wenn wir eine Familie haben, die uns unterstützt, können wir uns auf sie verlassen und sie ist ein Teil unseres Lebens. Diese zwischenmenschlichen Beziehungen können uns viel Freude und Glück bescheren. Großmutters Geschichten über alte Zeiten faszinieren uns und lassen uns unsere Perspektiven, wie schwer das Leben doch ist, eventuell überdenken. Ihr Onkel hat vielleicht einen guten Rat für

Sie, wie er einmal mit einer stressigen Situation umgegangen ist. Vielleicht treffen Sie einen Cousin, der ein gemeinsames Interesse an einer Musikgruppe oder einem Künstler hat. Jemand könnte Sie an eine wirklich lustige Sache erinnern, die passiert ist oder Sie einfach umarmen und Ihnen sagen: „Ich bin stolz auf Dich." Manchmal ist es lediglich die Gesellschaft, die sie uns leisten, die zählt. Das sind alles Familiensituationen, die uns Freude bereiten, wenn wir es zulassen.

Es gibt Familien, welche uns nicht unterstützen und uns nicht gut tun. Wenn das bei Ihnen der Fall sein sollte, sollten Sie sich eine andere Familie suchen. Es gibt viele verschiedene Arten von Familien und viele „Familienmitglieder" sind oft nicht biologisch verwandt. Manche Menschen betrachten ihre Freunde als ihre Familie und vertrauen ihnen mehr als allen anderen. Das Wichtigste ist, dass Sie Zeit mit den Menschen verbringen, denen Sie vertrauen und die Sie unterstützen. Das sollten Menschen sein, die das Positive und die Freude in Ihnen hervorbringen und nicht diejenigen, die Sie mit ständiger Negativität hinunterziehen.

Wenn Sie Freunde haben, können Sie sich bei diesen fallen lassen und diese können sie gleichzeitig aufmuntern. Mit jemandem Zeit zu verbringen, den Sie kennen und dem Sie vertrauen, ist eine tolle Art und Weise, seine zwischenmenschlichen Beziehungen zu pflegen. Mit jemandem zusammen zu sein, der uns nicht verurteilt und weiß, wie man uns „aufmuntern" kann, ist von großer Bedeutung. Nutzen Sie diese Gelegenheiten, um lustige Dinge miteinander zu unternehmen und konzentrieren Sie sich dabei nicht auf Ihre Sorgen und Ängste. Die Kunst besteht darin, das Negative aus unserem Kopf zu lassen und ihn mit glücklichen und fröhlichen Dingen zu füllen. Man kann z. B. ein Spiel mit einem Freund/einer Freundin spielen, gemeinsam etwas Lustiges im Fernsehen schauen, spazieren gehen, in eine Kunstausstellung gehen, in ein Musiklokal gehen oder zusammen kochen und lecker essen.

Im Einklang mit der Natur

Eine weitere gute Möglichkeit, Ihre negative Denkweise zu ändern und Ihrer Angst und Nervosität entgegenzuwirken, ist der Aufenthalt im Freien in der Natur. Sich die Zeit zu nehmen, nach draußen zu gehen und frische Luft zu atmen, gibt uns die Möglichkeit, den Kopf frei zu bekommen, unseren Körper zu bewegen und schöne Dinge zu sehen. Wenn wir in den Park gehen oder mit der Natur interagieren, kann uns das Gefühl des Windes in unseren Haaren oder ein gutes Stretching gut tun. Vielleicht sehen wir einem Hund bei der Jagd nach seinem Spielzeug schmunzelnd zu oder bewundern eine schöne Blume. Wälder aller Art können uns zum Staunen bringen, wenn wir die Verbundenheit der dort lebenden Tier- und Pflanzenarten betrachten.

Die Japaner zum Beispiel praktizieren Shinrin-yoku, was wörtlich „Baden im Wald" bedeutet. Wir kennen es als „Spaziergang im Wald". Japanische Forscher haben Veränderungen am Körper von Menschen festgestellt, die etwa 20 Minuten lang in einem schönen Wald, mit seinem Geruch nach Holz und dem Geräusch eines fließendes Baches, spazieren gegangen sind. Das „Waldbaden" senkt den Stresshormonspiegel mehr als ein vergleichbarer Spaziergang in einem städtischen Gebiet. Dieser Effekt hielt sogar bis zu einem Monat an (Li, 2018; Livni, 2016).

Es gibt keinerlei Zweifel an der beruhigenden Wirkung, die ein Spaziergang in einem Park, Wald oder Garten auf uns hat. Camping und Wandern sind wunderbare Gelegenheiten, unseren Geist auf etwas zu konzentrieren, das größer ist als wir selbst. Wenn wir mit der Natur interagieren, können wir uns als einen kleineren Teil einer vernetzten Welt sehen. Die positiven Auswirkungen einer Umgebung, die frisch riecht, nach Bäumen und Blumen duftet und somit einer Aromatherapie gleichkommt, sind enorm. In der Natur zu spazieren bedeutet gleichzeitig auch körperliche Bewegung, die einen Anstieg positiver Endorphine erzeugt und uns als Ventil für unsere Neurosen dienen kann.

Herausforderungen auf der Suche nach Glück

Es gibt viele Dinge, die wir tun können, um mehr Freude in unser Leben zu bringen. Wir haben einige wirksame und gängige Tätigkeiten gefunden, welche unsere Stimmung verbessern und unsere Ängste in Freude verwandeln können.

Sie müssen wissen, dass diese Übungen nicht allen Menschen Freude bereiten werden. Suchen Sie nach verschiedenen Tätigkeiten und vervollständigen Sie Ihre Liste mit Dingen, die Sie tun könnten. Versuchen Sie etwas zu finden, was Ihnen am meisten (oder zumindest etwas) Freude bereitet.

Sie müssen vorsichtig und einfühlsam mit sich selbst umgehen, wenn Sie sich Tätigkeiten widmen, die den Körper und den Geist bewusst herausfordern. Wenn Sie zum Beispiel eine große Höhenangst haben, wäre es besser, eine Einladung zum Mittagessen auf einer Dachterrasse nicht anzunehmen, um sich dieser stressigen Situation nicht auszusetzen. Sie würden dadurch Ihren Stresspegel nur erhöhen, wenn Sie versuchen, sich dieser Angst zu stellen, obwohl Sie eigentlich nur vorhaben, beim Mittagessen mit einem Freund Spaß zu haben und sich zu entspannen. In solch einer Situation wird ein wahrer Freund verstehen, wenn Sie sagen: „Wenn es für Dich in Ordnung ist, würde ich mich in einem Restaurant im Erdgeschoss wohler fühlen."

Wenn Sie diese Ebene erreicht haben, auf welcher Sie in der Lage sind, die Dinge selbstbewusst zu erkennen, die Sie daran hindern, Freude zu empfinden, sollten Sie sich sorgfältig überlegen, wie Sie diese hinderlichen Dinge aus Ihrem Leben entfernen können. Wenn Sie sich am Arbeitsplatz oder zu Hause Gewohnheiten aneignen, die negative Gefühle vermeiden und positive hervorheben, werden Sie glücklicher und zufriedener sein.

Zusammenfassung des Kapitels

Wir alle verdienen es, glücklich zu sein und Freude zu erleben. Um Ihr Potenzial für Freude zu maximieren, müssen Sie immer auf der Suche sein - sowohl nach den Dingen, von denen Sie wissen, dass sie Ängste auslösen als auch nach den Dingen, die Ihnen Freude bereiten. Wenn wir uns vermehrt den Dingen aussetzen, die uns Freude bereiten, hat das eine transformierende Wirkung auf unseren emotionalen Zustand und auf den emotionalen und physischen Ausdruck von Angst.

Oft werden wir von negativen Gedanken überhäuft und unsere Ängste sind möglicherweise auf einem Höhepunkt angelangt. Wenn dies geschieht, müssen Sie sich bewusst bemühen, sich den Dingen auszusetzen, die Ihnen Freude bereiten. Wenn Sie die Entscheidung getroffen haben, in Ihrem Leben Platz für Freude zu schaffen, müssen Sie vielleicht einen Plan entwickeln, wie Sie das erreichen können. Vielleicht haben wir vergessen, was uns Freude bereitet, weil wir so lange ängstlich waren. Vielleicht haben wir nur wenige Ressourcen zur Verfügung, um Dinge zu tun, die Geld kosten. Deshalb ist es wichtig, eine Liste zu erstellen. Die Liste mag anfangs kurz sein und es kann eine Weile dauern, bis genügend Dinge auf ihr stehen, sodass Sie das Gefühl haben, Sie hätten viele Möglichkeiten, Freude zu empfinden. Schreiben Sie Dinge auf die Liste, von denen Sie denken, dass sie Ihnen Spaß machen könnten. Schreiben Sie alles auf die Liste, was Ihnen einfällt und beginnen Sie dann einfach, Dinge auszuprobieren, die zu dem Zeitpunkt angemessen sind. Eigentlich müssen Sie nur mit einer Sache beginnen. Halten Sie Ausschau nach den Dingen, die Ihre Ängste verstärken und Ihr Glück und Ihre Freude untergraben und beseitigen Sie dann so viele davon, wie Sie können.

Zu den freudigen Aktivitäten, die wir besprochen haben, gehören unter anderem das Ansehen lustiger Sendungen, das Verbringen von Zeit mit künstlerischen Aktivitäten, das Hören von Musik und die Teilnahme an gesellschaftlichen Zusammenkünften. Nutzen Sie diese Gelegenheiten, um Freude zu erleben und wiederholen

Sie diese so oft Sie können. Das wird die Angst reduzieren, denn Ihre Emotionen und Ihr Körper sind mit etwas anderem beschäftigt, das Sie auf positive Dinge lenkt.

Im nächsten Kapitel werden Sie mehr über die vielen natürlichen Heilmittel gegen Angst erfahren.

KAPITEL 8:

Natürliche Heilmittel gegen Angstzustände

Manchmal ist das beste Heilmittel für den ängstlichen Geist und Körper die Aneignung gesunder Verhaltensweisen in verschiedenen Bereichen unseres Lebens. Diese liegen größtenteils im Bereich der Selbstfürsorge und umfassen das Engagement für einen gesunden Lebensstil, der Bewegung und richtige Ernährung beinhaltet.

Selbstfürsorge

Wenn Sie sich in einem Zustand erhöhter Angst befinden, vergessen Sie Ihre Selbstfürsorge, denn Grübeln, Panik, Selbstzweifel und der Versuch, alles erreichen zu wollen, was Sie vorhaben, treten stärker in den Vordergrund. Wenn wir zu sehr mit unserer Angst beschäftigt sind, hören wir auf, uns richtig um uns selbst zu kümmern. Vielleicht lassen wir unseren Körper verkümmern, trainieren nicht mehr, schlafen weniger oder schlecht und essen vielleicht nicht mehr richtig. Dies verstärkt die negativen Auswirkungen von Angst, weil unser Körper weniger widerstandsfähig gegenüber Stress ist.

Wenn Sie zum Beispiel einen Abgabetermin haben oder viele Dinge auf einmal erledigen müssen, stehen Sie möglicherweise unter Zeitdruck und sind sehr darüber besorgt, Ihr Ziel zu erreichen. Da so viel vom Ergebnis Ihrer Bemühungen abhängt, sind Sie vielleicht viele Nächte hintereinander lange aufgeblieben, um zu arbeiten oder zu studieren, und vielleicht haben Sie schnelle Snacks gegessen, anstatt sich selbst nahrhafte Mahlzeiten zu kochen. Wahrscheinlich haben Sie auch lange Zeit in der gleichen

Position gesessen, ohne sich zu strecken. Vielleicht beschimpfen Sie sich ständig und zweifeln an Ihrer Fähigkeit, Ihr Ziel zu erreichen.

All dies sind Beispiele dafür, dass wir es versäumen, uns selbst zu versorgen. Denn wenn Sie regelmäßiger schlafen, besser essen und sich in regelmäßigen Abständen dehnen würden, wären Ihre Angstsymptome wahrscheinlich gemildert.

Es gibt viele Möglichkeiten, unser Ausmaß der Selbstfürsorge zu erhöhen. Einige davon werden wir im Folgenden untersuchen.

Bewegung

Im Kampf gegen die Angst ist es für uns alle wichtig, die Gesundheit in den Vordergrund zu stellen. Wir alle sehnen uns danach, ein gesundes Leben zu führen. Dies gilt insbesondere dann, wenn das Alter einsetzt. Erstellen Sie in diesem Sinne einen Plan, der dafür sorgt, dass Sie gesund bleiben. Einer der bedeutendsten Faktoren für gute Gesundheit ist die Bewegung. Sie haben das vielleicht schon oft gehört, aber Sie müssen daran glauben und es sich zu eigen machen. Es gibt viele Möglichkeiten, sich zu bewegen und Sie müssen diejenige finden, die für Sie am besten geeignet ist. Was auch immer Sie tun, versuchen Sie, Spaß daran zu haben, indem Sie die richtigen Aktivitäten auswählen und mit einer guten Einstellung an sie herangehen, in der Gewissheit, dass diese gesunde Wahl viele positive Auswirkungen auf den Umgang mit Ihren Angstsymptomen haben wird.

Vielleicht können Sie Mitglied in einem Fitnessstudio werden, möchten alleine zu Hause trainieren oder den Park oder eine Gemeinschaftseinrichtung nutzen. Wichtig ist, dass Sie Ihren Körper in Bewegung und Dehnung bringen, dass Sie Ihre Herzfrequenz erhöhen und dass Sie regelmäßig und tief atmen. Es gibt so viele Möglichkeiten, dies zu erreichen.

Wenn Sie Zugang zum Fitnessstudio oder Fitnessgeräten jeglicher Art haben oder diese erwerben können, ist das der beste und einfachste Weg, Bewegung in Ihr Leben zu integrieren. Wenn Sie die Bewegung zu Hause bevorzugen und es Ihnen leicht zugänglich ist, ist es einfach, sie in Ihr tägliches Leben einzuplanen. Versuchen Sie, Sport zu treiben, bevor Sie morgens unter die Dusche gehen oder wenn Sie von der Arbeit oder der Schule nach Hause kommen. Dies ist eine gute Möglichkeit, Ihre Anspannungen zu lösen und negative Energie in ein gutes Training zu kanalisieren. Wenn Sie trainieren, setzt Ihr Körper Endorphine frei, und das gibt uns ein gutes Gefühl. Selbst ein paar Minuten am Tag oder zehn Minuten alle paar Tage sind besser als nichts und es wird Sie an das Training gewöhnen. Am Anfang mag es schwierig sein, länger als ein paar Minuten zu trainieren, aber wenn Sie regelmäßig trainieren, wird es Ihnen leichter fallen, da Sie fitter werden. Oft ist es hilfreich, während des Trainings Musik oder ein Hörbuch zu hören. Das soll Sie davon ablenken, während des Trainings über Ihre Probleme nachzudenken. Auch das Üben von Achtsamkeit kann hilfreich sein. Konzentrieren Sie sich während des Trainings auf Ihre Muskeln, auf Ihre Atmung und auf Ihre Körperhaltung. Wie fühlen Sie sich? Erleben Sie die Freude, dass Ihr Körper auf gesunde, natürliche Weise arbeitet.

Es gibt viele Möglichkeiten, zu Hause ohne „umständliche Fitnessgeräte" zu trainieren. Wenn Sie Ideen und Anleitungen zu Übungen und Dehnungen brauchen, die für Sie geeignet sein könnten, gehen Sie in die Bibliothek oder nutzen Sie das Internet, um die vielen Möglichkeiten zu recherchieren.

Wenn Sie möchten und in der Lage dazu sind, werden Sie Mitglied in einem Fitnessstudio oder melden Sie sich für Übungskurse in einer Turnhalle oder einem Gemeindezentrum an und besuchen Sie diese regelmäßig. Dies kann den zusätzlichen Vorteil sozialer Interaktionen mit sich bringen, die zu positiven und interessanten Freundschaften führen können oder zumindest zu einer Gelegenheit, Kontakte zu knüpfen.

Wenn Sie es vorziehen, sich im Freien zu bewegen, können Spaziergänge, Wanderungen oder Laufen eine gute Möglichkeit sein, sich zu bewegen. Vielleicht haben Sie einen Hinterhof, den

Sie für ihr Training nutzen können oder einen Basketballkorb, wo Sie Körbe werfen können. Ein Fußball zum Kicken in einem Park oder ein Tennisball auf einem öffentlichen Platz kann eine gute Möglichkeit sein, angestaute nervöse Energie und Ängste abzubauen.

Regelmäßige Bewegung hat den zusätzlichen Vorteil, dass Sie Ihr Gewicht kontrollieren und Ihren Blutzuckerspiegel regulieren können, was wiederum zu einer besseren Gesundheit beiträgt. Denken Sie daran, dass ein gesunder Körper widerstandsfähiger gegen Stress ist.

Es gibt eine endlose Liste von Aktivitäten, die Sie in Betracht ziehen können, wenn Sie sich mit Bewegung beschäftigen, die zur Selbstfürsorge dienen soll. Versuchen Sie, etwas zu tun, das Ihnen Spaß macht. Was auch immer Sie tun, tun Sie es. Wenn Sie gerne schwimmen, finden Sie einen Weg, regelmäßig zu schwimmen. Wenn Sie gerne tanzen, tun Sie es regelmäßig. Wenn Sie gerne durch einen städtischen Wald wandern, tun Sie das regelmäßig. Lenken Sie Ihre Ängste und Nervosität in ein intensiveres Training und achten Sie darauf, wie sich Ihr Körper anfühlt, wenn Sie gesünder werden.

Bewegung ist ein wirksames Gegenmittel gegen Angst und Depression und hat sowohl unmittelbare als auch langfristige Vorteile.

Die 21-minütige Kur

Dr. Drew Ramsey, klinischer Assistenzprofessor für Psychiatrie am New Yorker presbyterianischen Krankenhaus der Columbia Universität und Mitautor von „The Happiness Diet" sagt, man soll sich einundzwanzig Minuten lang mit Bewegung beschäftigen, damit diese eine positive Wirkung auf die Angst hat (Barnett, 2019). Er garantiert Ihnen, dass Sie sich nach dem Training ruhiger fühlen werden. Er bittet seine Patienten, 20 bis 30 Minuten mit einer Aktivität zu verbringen, die ihre Herzfrequenz erhöht. Es kann alles sein, was ihnen gefällt, sei es ein Laufband, Crosstrainer, Rudern oder sogar zügige Spaziergänge.

Gesunde Ernährung

Ein weiteres Geheimnis erfolgreicher Selbstpflege zur Verringerung von Ängsten ist die Einhaltung einer gesunden Ernährung. Die Fähigkeit unseres Körpers, Hormone zu regulieren, effektiv zu funktionieren und uns gesund zu fühlen, wird weitgehend durch die Dinge beeinflusst, die wir essen und trinken.

Wir alle können den Zusammenhang zwischen schlechter Ernährung und Magenbeschwerden verstehen, aber nur wenige Menschen wissen, dass die Auswirkungen minderwertiger Lebensmittel auch mit anderen Aspekten unserer physischen und psychischen Gesundheit in Verbindung gebracht werden. Darüber hinaus verstehen nur wenige Menschen, dass nahrhaftes Essen einer der Bausteine für eine allgemein gute Gesundheit ist, sowohl physisch als auch psychisch.

Wenn unser Körper ein ausgewogenes Verhältnis von Proteinen, Gemüse, Obst und Getreide erhält, ist er in der Lage, am besten zu funktionieren. Gleichzeitig kann er auch besser mit Stress umgehen, was die Symptome von Angstzuständen minimiert. Zwingen Sie sich, mehr Obst und Gemüse zu essen. Frisch ist immer am besten, da frisches Obst und Gemüse den höchsten Nährstoff- und Ballaststoffgehalt hat.

Nahrungsmittel, die stark verarbeitet sind und/oder einen hohen Gehalt an Zucker, Salz und Zusatzstoffen aufweisen, sollten vermieden werden. Es ist bekannt, dass ein hoher Zuckerkonsum schädlich für unseren Körper ist und zu Erkrankungen, wie Übergewicht und Diabetes, führen kann. Es ist auch bekannt, dass ein hoher Salzkonsum zu Erkrankungen, wie z. B. Bluthochdruck, beitragen kann. Darüber hinaus sollte der Konsum von koffeinhaltigen und zuckerhaltigen Getränken minimiert werden, insbesondere ab dem späten Nachmittag bis zur Schlafenszeit.

Manchmal kann es schwierig sein, gute Entscheidungen zur Ernährung zu treffen, wenn wir nicht in der kontrollierten Umgebung unseres eigenen Zuhauses sind. Es kann sein, dass wir vor vielen Optionen stehen, die attraktiver erscheinen als andere oder dass wir aufgrund begrenzter Möglichkeiten keinen Zugang zu gesunden Wahlmöglichkeiten haben. Manchmal sind wir zu beschäftigt, um zu kochen und müssen uns damit abfinden, dass wir uns etwas mit nach Hause nehmen, etwas bestellen oder uns einfach etwas kaufen, das wir in der Eile im Auto essen können. Dies sind die Momente, in denen wir unserer Gesundheit den größten Schaden zufügen, da diese Lebensmittel einen hohen Gehalt an gesättigten Fetten, Zucker, Salz, Zusatzstoffen, Konservierungsmitteln und anderen künstlichen oder stark verarbeiteten Zutaten aufweisen.

Diese Gelegenheiten, in denen wir uns schnell oder bequem mit Lebensmitteln versorgen müssen, können durch gute Planung minimiert werden. Wenn Sie zum Beispiel wissen, dass Sie damit beschäftigt sein werden, von einem Ort zum anderen zu eilen, packen Sie sich einen nahrhaften Snack oder ein Mittagessen ein. Manchmal lässt sich jedoch ein Essen auswärts oder Essen in der Eile nicht vermeiden. Wenn dies geschieht, gewöhnen Sie sich daran, die gesündeste Wahl zu treffen, die Sie in diesem Moment treffen können. Am Anfang kann es schwierig sein, den unterbewussten Instinkt zu überwinden, sich zum Beispiel Pommes zu holen. Das ist der Moment, in dem Sie sich für den Salat entscheiden müssen - aber nicht mit überlaufendem Dressing. Wählen Sie gegrillt statt gebraten. Wählen Sie Soda, Wasser oder Saft, anstelle von Cola oder Kaffee. Wenn Sie sich in einem Restaurant befinden, wählen Sie Ihre Mahlzeit sorgfältig aus und treffen Sie die gesündeste Entscheidung. Ein mageres proteinhaltiges Mahl mit Salat oder gekochtem Gemüse ist fast überall erhältlich.

Schnell, essen Sie etwas

Dr. Ramsey und viele andere bestätigen, dass der Grad der Ängstlichkeit und Reizbarkeit der Menschen zunimmt, wenn sie hungrig sind. Wenn Sie von Angst überwältigt werden, kann das ein Zeichen dafür sein, dass Ihr Blutzucker niedrig ist. Nehmen Sie einen schnellen, gesunden Snack, wie z. B. eine Handvoll Nüsse und Rosinen zusammen mit einem Glas Wasser oder einem schönen heißen Getränk zu sich.

Lassen Sie das Frühstück nicht aus

Sie werden oft dazu ermutigt, ein gesundes Frühstück einzunehmen. Viele Menschen meinen, dass sie morgens nicht hungrig sind oder lassen das Frühstück aus, weil sie morgens so beschäftigt sind. Ein gesundes tägliches Frühstück ist eines der wichtigsten Hilfsmittel, die Sie Ihrem Körper auf dem Weg zur Arbeit geben können. Das Auslassen des Frühstückes führt garantiert dazu, dass Sie zu einem ungünstigen Zeitpunkt plötzlich hungrig werden. Hungrig zur Arbeit zu kommen ist zum Beispiel ein sicheres Rezept für einen stressigen Tag im Büro oder die Unfähigkeit, mit Stressfaktoren umzugehen. Möglicherweise fühlen Sie sich schwach oder emotional zerbrechlich, haben Konzentrationsschwierigkeiten, sind gereizt oder haben Magenprobleme.

Hören Sie auf zu hungern, rät Ramsey. „Viele Menschen mit Angststörungen lassen das Frühstück ausfallen. Ich empfehle zum Beispiel, Eier zu essen. Diese enthalten sättigendes Protein und stellen die wichtigste natürliche Cholin-Quelle dar. Niedrige Konzentrationen an Cholin sind mit erhöhter Angst verbunden" (Barnett, 2019).

Ausreichend Schlaf

Wenn der Körper müde ist, ist er unfähig, mit Stress umzugehen und die Symptome der Angst können schwieriger zu bewältigen sein. Achten Sie darauf, sich jede Nacht Zeit für genügend Schlaf zu nehmen. Es mag eine gute Idee sein, lange aufzubleiben, um etwas zu Ende zu bringen, aber wenn Sie dann am nächsten Tag nicht in der Lage sind, andere Aufgaben zu erledigen, weil Sie so müde sind, bringt dies insgesamt wenig Nutzen. Außerdem ist es gefährlich, ein Fahrzeug zu lenken oder Maschinen zu bedienen, wenn wir müde sind.

Wenn Sie nachts keinen ausreichenden Schlaf bekommen haben, probieren Sie es mit einem Nickerchen. Manche Menschen schwören darauf, dass Nickerchen Stress reduzieren und viele andere positive Auswirkungen haben. Probieren Sie es aus und sehen Sie, wie es bei Ihnen funktioniert. Nach einem langen, stressigen oder schlechten Arbeitstag oder wenn Sie das Gefühl haben, dass Sie sich in einem hohen Angstzustand befinden, kann es für Sie beruhigend sein, sich hinzulegen und ein Nickerchen zu machen.

Das erwünschte Ergebnis des Nickerchens ist, dass Sie nicht nur einen Teil der Erschöpfung beseitigen, die Sie durch den Schlafmangel verspüren, sondern auch, dass Sie die Erleichterung eines ruhigen Körpers und Verstandes verspüren. Vielleicht kommen Sie zur Ruhe, wenn Sie einen ruhigen Ort finden, an dem Sie sich für ein paar Minuten oder ein paar Stunden hinlegen und dann erholt aufwachen können, um mit Ihren Aufgaben fortzufahren.

Gute Gewohnheiten und persönliche Eigenschaften

Sie könnten auch einige Eigenschaften entwickeln, die dazu beitragen, dass Ihr Stress und Ihre Angst minimiert werden. Ein Beispiel dafür ist, sich zu bemühen, mit allem pünktlich zu sein oder die Dinge so zu organisieren, dass sie leicht zugänglich sind. Sie könnten die Gewohnheit entwickeln, sorgfältig zu planen, sodass Sie in der Lage sind, all Ihre Aufgaben zu erledigen. Sie könnten die Gewohnheit entwickeln, Treppen zu steigen, anstatt den Aufzug zu nehmen, um sich sportlich zu betätigen. Oder Sie könnten Ihre Kleidung am Vorabend zurechtlegen, um nicht in letzter Minute in Panik zu geraten, wenn Sie sich für ein Outfit entscheiden müssen. Vielleicht gewöhnen Sie sich daran, gesunde Snacks zuzubereiten, Ihr Mittagessen selbst zu kochen und in den Kühlschrank zu stellen, damit Sie es auf dem Weg nach draußen mitnehmen können.

Die Macht des richtigen Tees

Es gibt viele Menschen, die auf die beruhigenden und gesundheitsfördernden Kräfte einer guten Tasse des richtigen Tees schwören. Heiße Kräutergetränke werden seit Jahrhunderten verwendet, um den Körper und den Geist zu beruhigen.

Kamille

Viele Menschen empfinden eine Tasse Kamillentee als sehr entspannend und einige finden, dass dieser Tee guten Schlaf fördert. Wenn Sie sich ängstlich, überwältigt oder nervös fühlen, kann eine Tasse Kamillentee helfen, Sie zu beruhigen.

Kamille ist auch als Nahrungsergänzungsmittel erhältlich, das neben getrockneten Kamillenblüten auch Apigenin als Wirkstoff enthält. Eine Studie des medizinischen Zentrums der Universität von Pennsylvania ergab, dass Patienten mit einer generalisierten Angststörung nach achtwöchiger Einnahme von Nahrungsergänzungsmitteln, die Kamille enthalten, im Vergleich zu Patienten, denen ein Placebo verabreicht wurde, eine signifikante Abnahme der Angstsymptome aufwiesen (Perelman, o. J.).

Grüner Tee

Grüner Tee enthält Antioxidantien und eine Aminosäure namens L-Theanin. L-Theanin hilft nachweislich, den Anstieg der Herzfrequenz und des Blutdruckes zu mildern und einige Studien haben ergeben, dass es Angstzustände reduziert. In einer Studie erhielten Probanden mit Angstzuständen vor einem Test 200 Milligramm L-Theanin, und diejenigen, die es einnahmen, berichteten, dass sie während des Tests ruhiger und konzentrierter waren als diejenigen, die das L-Theanin nicht erhielten.

Obwohl L-Theanin in einer Tasse grünem Tee enthalten ist, müsste man zwischen fünf und 20 Tassen trinken, um die gleiche Menge L-Theanin zu erhalten, die in einem guten Nahrungsergänzungsmittel angeboten wird. Wenn Sie so viele Tassen grünen Tee trinken, kann jedoch die Wirkung des Koffeins einen nachteiligen Einfluss auf Ihren Körper haben.

Pflanzliche Nahrungsergänzungsmittel

Einige pflanzliche Nahrungsergänzungsmittel sind Beruhigungsmittel und haben auch andere gesundheitliche Vorteile, aber dies trifft nicht auf alle zu. Zum Beispiel kann L-Theanin, wie oben erwähnt, die Symptome von Angstzuständen verringern, aber es wird Sie nicht schläfrig machen. Andere pflanzliche Heilmittel haben eine Wirkung, die uns zur Ruhe kommen lassen und in vielen Fällen sogar beim Schlafen helfen können. Guter Schlaf hat viele positive gesundheitliche Vorteile, darunter die Minimierung von Angstsymptomen. Diese beruhigenden Kräuter sollten jedoch vorsichtig angewendet werden. Nehmen Sie sie zum Beispiel nicht ein, wenn Sie aufmerksam sein müssen, wie zum Beispiel beim Autofahren oder wenn Sie eine Maschine bedienen müssen. Barnett (2015) diskutiert eine Reihe von pflanzlichen Nahrungsergänzungsmitteln, die im Folgenden zusammengefasst werden.

Hopfen

Die meisten Menschen assoziieren Hopfen mit Bier. Die beruhigende Wirkung des Hopfens (Humulus lupulus) wird jedoch nicht nur durch das Trinken eines Bieres erzielt. Die eigentliche beruhigende Verbindung im Hopfen ist ein ätherisches Öl, weshalb er zu Extrakten und Tinkturen verarbeitet wird. Hopfen wird oft als Beruhigungsmittel und zur Förderung des Schlafes verwendet. „Er ist sehr bitter, sodass man ihn in Form eines Tees nicht oft sieht, es sei denn, er wird mit Kamille oder Minze kombiniert", sagt Mark Blumenthal (Barnett, 2015). Er wird manchmal auch in der Aromatherapie verwendet.

Hinweis: Nehmen Sie keine beruhigenden Kräuter ein, wenn Sie ein verschreibungspflichtiges Beruhigungsmittel oder Sedativum einnehmen. Besprechen Sie mit Ihrem Arzt alle Nahrungsergänzungsmittel, die Sie einnehmen.

Baldrian

Baldrian (Valeriana officinalis) ist ein Beruhigungsmittel, das zur Behandlung von Schlaflosigkeit eingesetzt wird. Aufgrund seiner überprüften Inhaltsstoffe ist es in Deutschland zur Behandlung von Schlafstörungen zugelassen.

Baldrian ist dafür bekannt, dass es einen stechenden, etwas unangenehmen Geruch hat, weshalb es oft als Kapsel oder Tinktur und nicht als Tee eingenommen wird. Baldrian wird oft mit anderen beruhigenden Kräutern, wie Hopfen, Kamille und Zitronenmelisse, kombiniert.

Zitronenmelisse

Zitronenmelisse (Melissa officinalis) wird seit dem Mittelalter verwendet, um den Schlaf zu fördern und die Symptome von Angstzuständen zu verringern. Eine Studie zeigte, dass bereits 600 mg Extrakte von der Zitronenmelisse eine beruhigende Wirkung haben.

Zitronenmelisse ist sehr einfach anzubauen, wird aber normalerweise als Tee, Kapsel oder Tinktur verkauft. Sie kann mit anderen Kräutern, wie Hopfen, Kamille und Baldrian, kombiniert werden. Zitronenmelisse sollte nur in Maßen verwendet werden, da einige Studien gezeigt haben, dass eine zu hohe Dosierung die Symptome von Angstzuständen verstärken können. Befolgen Sie immer die Anweisungen auf dem Produktetikett und beginnen Sie mit der kleinsten Dosis.

Passionsblume

Die Passionsblume ist ein natürliches pflanzliches Beruhigungsmittel, das in Deutschland zur Behandlung ängstlicher Unruhe zugelassen ist. Es wird auch zur Behandlung von Schlaflosigkeit und zur Verringerung von Angstsymptomen eingesetzt. Einige Menschen haben sie für sehr wirksam befunden. Verwenden Sie die Passionsblume mit Vorsicht, wie alle anderen Beruhigungsmittel auch.

Sie kann Schläfrigkeit verursachen. Nehmen Sie die Passionsblume oder andere beruhigende Kräuter also nicht ein, wenn Sie auch ein verschreibungspflichtiges Beruhigungsmittel einnehmen oder wachsam sein müssen.

Die Passionsblume wird nur für den kurzfristigen Gebrauch empfohlen. Nehmen Sie sie nicht länger als einen Monat am Stück ein und mischen Sie beruhigende Kräuter niemals ohne ärztlichen Rat.

Aromatherapie

Es gibt viele Möglichkeiten, die Aromatherapie zur Behandlung von Angstsymptomen einzusetzen. Einige der Düfte werden durch tiefes Einatmen aus einer kleinen Flasche, die ein Öl oder eine Tinktur enthält, verabreicht. Manchmal bietet die Verwendung einer Handlotion mit einem beruhigenden Duft eine Möglichkeit, ein regelmäßiges beruhigendes Ritual einer Aromatherapie einzuführen. Manche Menschen verwenden Potpourri oder Weihrauch. Außerdem gibt es heute viele Diffuser-Produkte auf dem Markt, die einen Duft in die Luft abgeben, der mit einem bestimmten Öl parfümiert ist.

Lavendel

Lavendel (Lavandula hybrida) wird seit vielen Jahrhunderten als beruhigender Duft verwendet. Der unverkennbare Duft des Lavendels kann uns an einen Ort der Stille und Ruhe bringen. Viele Menschen berichten, dass sie sich in einer mit Lavendelöl parfümierten Umgebung weniger ängstlich fühlen. Viele Menschen tragen Lavendel-Spray oder Lavendel-Öl bei sich, um es regelmäßig, den ganzen Tag über, zu verwenden, wenn sie das Bedürfnis dazu verspüren.

Kiefer, Zeder und aromatische Hölzer

Ein Spaziergang im Wald kann durch den unglaublichen Geruch der Bäume und Pflanzen beruhigend wirken. Es ist möglich, diese Gefühle wieder hervorzurufen, indem man ein Produkt der Aromatherapie oder einen Raumduft verwendet, der dem Geruch eines Waldes mit immergrünen Nadelbäumen sehr ähnlich ist.

Zusammenfassung des Kapitels

In diesem Kapitel haben Sie die verschiedenen natürlichen Heilmittel kennengelernt, die zur Behandlung von Angstzuständen eingesetzt werden. Es gibt viele natürliche Wege, mit denen Sie die Symptome der Angst minimieren und sogar beseitigen können. Alle Naturheilmittel haben ihre Wurzeln in der Selbstpflege. Wenn wir es vernachlässigen, uns um die Grundbedürfnisse des Körpers zu kümmern, ist er nicht imstande, effektiv genug zu funktionieren, um großen Stressfaktoren standzuhalten. Zu den Hauptkategorien der Selbstfürsorge gehören Bewegung, richtige Ernährung und ausreichender Schlaf.

Einige Änderungen der Lebensweise und die Entwicklung guter Gewohnheiten können dazu beitragen, Stress abzubauen, indem sie die Quellen der Angst aus Ihrem Leben beseitigen. Sich Zeit für Bewegung zu nehmen, hat viele positive Auswirkungen, unter anderem ist es ein Ventil für nervöse Energie, verbessert das Hormongleichgewicht in unserem Körper und hält ihn gelenkig und fit. Die Vorbereitung auf den kommenden Tag durch die Zubereitung gesunder Mahlzeiten und Snacks, die verzehrfertig sind, ist ein wichtiger Bestandteil einer guten Ernährung. Außerdem ist es sehr wichtig, kluge Entscheidungen zu treffen, wenn man auswärts essen muss. Der Konsum gesunder Tees und die Stärkung der körpereigenen Fähigkeit zur Stressbewältigung durch die Einnahme von Nahrungsergänzungsmitteln, die Entspannung und guten Schlaf fördern, können eine Option für Sie sein. Eine weitere Option, die viele Menschen als wirksam und angenehm empfinden, ist die Aromatherapie.

Im nächsten Kapitel erfahren Sie, wie Sie durch Meditation Ruhe finden und Ängste abbauen können.

KAPITEL 9:

Wie man meditiert und Frieden findet

Meditation wird auf der ganzen Welt als Mittel zur Beruhigung von Geist und Körper und zur Erlangung eines Gefühles des inneren Friedens eingesetzt. Die Meditation wird von den Buddhisten seit Hunderten und vielleicht Tausenden von Jahren zu diesem Zweck eingesetzt. Die moderne Meditationspraxis hat ihre Wurzeln in Asien und Indien, wo sie weit verbreitet ist und sich im Laufe der Jahrhunderte zu einzigartigen kulturellen oder religiösen Merkmalen entwickelt hat. Trotz aller Unterschiede in Worten, Handlungen, Techniken oder Besonderheiten der Praxis haben alle Meditationen den gleichen grundlegenden Zweck. Dieser Zweck besteht darin, den Körper zu zentrieren, den Verstand zu klären und es dem Menschen zu ermöglichen, als eine Erweiterung des Universums zu existieren.

In der heutigen modernen Welt, in der Bibliotheken und das Internet zur Verfügung stehen, gibt es viele Möglichkeiten, Meditationstechniken zu erlernen. Es gibt einige grundlegende Praktiken und Überzeugungen, die den meisten Meditationsformen gemeinsam sind. Meditation erfordert, dass Sie Ihren Geist und Ihren Körper trainieren und es kann einige Zeit dauern, bis Sie sie beherrschen.

Der Leiter des neurowissenschaftlichen Labors der Universität von Wisconsin, Richard J. Davidson, Ph. D., erklärte gegenüber der *New York Times*, dass in der „buddhistischen Tradition das Wort *Meditation* in den USA einem Wort wie *Sport* entspricht. Es handelt sich um eine Reihe von Aktivitäten, nicht um eine einzige Sache" (Gaiam, o. J.).

Manche Menschen sind in der Lage, stundenlang zu meditieren. Wenn man beginnt, Meditation zu praktizieren, kann es äußerst schwierig sein, stundenlang zu sitzen, an nichts zu denken und einen klaren, leeren Verstand zu haben. Denken Sie daran, werten Sie sich nicht selbst ab! Seien Sie nicht zu hart mit sich selbst! Konzentrieren Sie sich auf Qualität und nicht auf Quantität. Bemühen Sie sich um wirklich gute, aber kurze Sitzungen, wenn Sie beginnen, und erhöhen Sie die Zeit allmählich, wenn Sie Ihren Geist und Körper besser kontrollieren können.

Wenn Sie die Natur genießen, hilft sie Ihnen vielleicht dabei, sich während einer Meditationssitzung zu zentrieren und zu konzentrieren, wenn Sie dies im Freien tun. Die Kraft der Natur kann faszinieren, beruhigen und ein Weg sein, sich von dem Stress zu befreien, unter dem Sie stehen. Wenn Sie während der Meditation die Klänge der Natur um sich herum hören, kann das Ihrer Sitzung einen positiven Ton verleihen. Wenn Sie keine Gelegenheit haben, sich im Freien inmitten der Natur aufzuhalten, können Sie während Ihrer Sitzung einen Natur-Soundtrack als Hintergrundmusik verwenden. Manche Menschen glauben, dass Meditation nur in der Stille gemacht werden kann, aber das stimmt nicht. Sie kann in einem lauten, überfüllten Raum, bei laufender Musik oder an beliebig vielen Orten mit beliebig vielen Hintergrund-„Soundtracks" durchgeführt werden. Der Grund dafür ist, dass es bei der Meditation um den Fokus geht. Man konzentriert sich gleichzeitig auf die Gesamtheit und auch auf die Details des Universums. Wenn Sie in der Lage sind, Ihren Geist zu klären, egal welche Ablenkungen um Sie herum vorhanden sind, können Sie großen Frieden und Trost erfahren.

Die vielen Vorzüge der Meditation

Auch wenn Entspannung nicht immer das Ziel der Meditation ist, so ist sie doch oft eines der positiven Ergebnisse. Nach der Durchführung von Forschungsarbeiten über Menschen, die in den 1970er Jahren transzendentale Meditation praktizierten, prägte Dr. Herbert Benson, Forscher an der medizinischen Einrichtung der Harvard Universität, den Ausdruck „Entspannungsreaktion". Er betrachtete sie als „eine entgegengesetzte, unwillkürliche Reaktion, die eine Verringerung der Aktivität des sympathischen Nervensystems bewirkt" (Gaiam, o. J.).

Das Praktizieren der Meditation hat folgende kurzfristige Vorteile auf das Nervensystem:

- Weniger Angstzustände
- Niedrigerer Blutdruck
- Niedrigere Cortisol-Werte im Blut
- Verbesserte Blutzirkulation
- Niedrigere Herzfrequenz
- Langsamere Atemfrequenz
- Größeres Wohlbefinden

In der buddhistischen Tradition der Meditation besteht der letztliche Nutzen in der Befreiung der Bindung des Geistes an Dinge, die er nicht kontrollieren kann. Dazu können äußere Reize, Situationen und Umstände, einschließlich starker Emotionen, gehören. Indem er sich von der Fixierung auf Wünsche oder Erfahrungen befreien kann, ist ein „erleuchteter" Praktizierender in der Lage, einen ruhigen Geist zu bewahren und ein tiefes Gefühl innerer Harmonie zu entwickeln.

Konzentrationsmeditation

Die Praxis der Konzentrationsmeditation erfordert, dass sich der Praktizierende auf ein einziges Objekt oder einen einzigen Gedanken konzentriert. Das kann bedeuten, sich auf den Atem zu konzentrieren, ein einzelnes Wort oder Mantra zu wiederholen, eine Kerzenflamme zu fokussieren, ein Bild oder einen Gegenstand anzuschauen, einem sich wiederholenden Gong zuzuhören oder Perlen auf einer Gebetskette (auch *Mala* genannt) zu zählen. Bei dieser Form der Meditation richten Sie, wann immer Ihr Geist unruhig ist, einfach Ihre Aufmerksamkeit wieder auf das bezeichnete Objekt. Anstatt zuzulassen, dass zufällige Gedanken

Ihr volles Bewusstsein durchdringen, lassen Sie sie an Ihrem Geist vorbei und durch ihn hindurchgehen.

Denken Sie daran, dass es in Ordnung ist, immer nur mit ein paar Minuten am Stück zu beginnen. Mit der Übung wird es einfacher.

Achtsamkeitsmeditation

Die Achtsamkeitsmeditation unterscheidet sich ein wenig von der Konzentrationsmeditation. Sie ermutigt den Praktizierenden, alle Gedanken zu beobachten, während sie durch den Geist hindurchgehen. Diese Beobachtung soll nicht dazu führen, die Gedanken zu bewerten oder zu beurteilen, man soll sich nur jedes Gedankens bewusst sein, wenn er auftaucht

Mithilfe der Achtsamkeitsmeditation können Sie Muster in Ihren Gedanken wahrnehmen, wenn Sie ängstlich oder ruhig sind. Das Finden von Stille, in dieser Beobachtung ohne Beurteilung, kann Ihren Gedanken und Emotionen einen Ort geben, an dem sie aus Ihrem ängstlichen Verstand heraus und hinaus ins Universum wandern können, wo Sie nicht mehr von ihnen beeinflusst werden können. Mit etwas Übung werden Sie vielleicht feststellen, dass es Ihnen hilft, ein Gefühl des inneren Friedens zu finden.

Teresa M. Edenfield, eine klinische Psychologin am *Veterans Administration Medical Center* in Durham, USA, verwendet die Achtsamkeitsmeditation häufig zur Behandlung von Patienten, die unter Angstzuständen leiden. „Der Zustand des achtsamen Bewusstseins erlaubt es einem, die wahre Essenz eines jeden Augenblickes so zu erfahren, wie er sich wirklich ereignet, und nicht so, wie er erwartet oder gefürchtet wird", sagt sie (Barnett, 2019).

Wie beginnt man mit der Praxis der achtsamen Meditation? Man beginnt einfach damit, „dem gegenwärtigen Moment Aufmerksamkeit zu schenken, absichtlich, mit Neugierde und mit dem Bestreben, nicht zu urteilen", sagt Edenfield.

Andere Meditationstechniken

Wie bereits erwähnt, gibt es verschiedene andere Meditationstechniken, die auf der ganzen Welt verwendet werden, und es gibt keine einzige Form, die richtig oder falsch ist. Finden Sie die Praxis, die für Sie am besten funktioniert. Manche Menschen verwenden entweder Konzentrations- oder Achtsamkeitsmeditation. Einige Praktizierende verwenden eine Kombination von Meditationstechniken. Die meisten Disziplinen erfordern Stille, aber es gibt auch Formen der Bewegungsmeditation, wie Tai Chi, Qi Gong und die Gehmeditation.

Einfache Meditation für Anfänger

Es gibt viele Traditionen der Meditation. Als Anfänger kann es helfen, einen einfachen Leitfaden zu haben, der grundlegende Prinzipien und Praktiken der Meditation beinhaltet. Diese Meditationsübung besteht aus sechs Schritten und ist eine ausgezeichnete Einführung in die Meditationstechniken.

Schritt 1: Bequem sitzen

Setzen Sie sich in eine bequeme Position. Möglicherweise müssen Sie einige Positionen ausprobieren, bevor Sie jene finden, in der Sie über einen längeren Zeitraum sitzen können. Wenn Sie auf dem Boden sitzen, ist es „traditionell", im Schneidersitz zu sitzen, d. h. das rechte Bein befindet sich über dem linken, die rechte Hand über der linken Hand und die Handflächen zeigen nach oben, wobei der rechte Zeigefinger sanft den linken Daumen berührt. Alternativ können Sie beide Hände bequem auf den Schoß legen. In allen Fällen sollten Sie den Kopf aufgerichtet und den Rücken gerade halten. Diese Sitzhaltung wird als *Haltung des Friedens* oder als *Meditationshaltung* bezeichnet.

Wenn Sie sich in dieser Position unwohl fühlen, können Sie sich auf einen Stuhl oder ein Sofa setzen. Variieren Sie Ihre Position so lange, bis Sie sich vollkommen wohl fühlen. Achten Sie darauf, dass Sie sich in einer Position befinden, die Ihre Blutzirkulation nicht einschränkt.

Für diejenigen, die nicht in der Lage sind, sich bequem aufzusetzen, ist es auch möglich, im Liegen zu meditieren. Tatsächlich können Sie in jeder Position meditieren, sogar im Stehen.

Schließen Sie sanft Ihre Augen. Drücken Sie sie nicht zu fest zusammen. Lassen Sie einfach Ihre Augenlider in eine bequeme Ruheposition fallen. Setzen Sie ein sanftes Lächeln auf Ihr Gesicht.

Schritt 2: Tief einatmen und wieder tief ausatmen

Als nächstes atmen Sie tief ein. Halten Sie den Atem für zwei oder drei Sekunden an und atmen Sie dann vollständig aus. Wiederholen Sie das Ein- und Ausatmen bis zu zehn Mal. Atmen Sie tief ein, bis Sie spüren, wie die Luft durch Ihre Lungen strömt und die Mitte Ihres Unterleibes erreicht. Stellen Sie sich vor, dass jede Zelle in Ihrem Körper das Gefühl von Glück und Fröhlichkeit vollständig aufnimmt. Beobachten Sie, wie sich Ihr Körper fühlt, wenn er Luft aufnimmt und wieder abgibt. Manche Menschen atmen langsam durch Ihre Nasenlöcher aus, andere atmen durch den Mund aus, ohne dass sich dies nachteilig auf ihre positive Erfahrung auswirkt. Wenn Sie ausatmen, stoßen Sie bewusst all Ihre Sorgen, all Ihren Stress, alle Anspannung und alle negativen Gefühle aus. Vergessen Sie nicht, was wir zuvor über tiefes Atmen gelernt haben und wenden Sie es an, wenn Sie meditieren.

Schritt 3: Bringen Sie Körper und Geist an einen Ort der Stille

Nehmen Sie sich die Zeit, all Ihre Sorgen und Ängste einfach loszulassen. Dies ist weder die Zeit noch der Ort, ihnen Platz in Ihrem Bewusstsein zu geben. Dies ist die Zeit, um aufzuhören, über die Verantwortlichkeiten der Arbeit, über persönliche Verpflichtungen gegenüber der Familie oder Freunden oder darüber nachzudenken, was Sie sonst noch beunruhigt. Lassen Sie Ihren Geist entspannt und sorgenfrei sein.

Atmen Sie weiterhin tief, vollständig und regelmäßig, sodass Sie sich natürlich und bequem fühlen. Als Nächstes sollten Sie bewusst jeden Muskel in Ihrem Körper entspannen. Beginnen Sie oben am Kopf und gehen Sie bis zu den Zehen hinunter.

Wenn Sie völlig entspannt sind, versuchen Sie, diesen Zustand so lange wie möglich beizubehalten. Wenn Ihr Körper völlig entspannt ist, kann er die Empfindungen von Leichtigkeit, Freude und anderer positiver Energie, die in unserem Körper vorhanden sind oder die wir erfahren können, leichter akzeptieren.

Leeren Sie Ihren Geist und stellen Sie sich vor, Sie sitzen alleine auf einem großen offenen Feld. Dieser Raum ist friedlich und Sie verspüren keinerlei Verpflichtungen oder Probleme. Dann stellen Sie sich vor, dass Ihr Körper leer und hohl ist. Erlauben Sie Ihrem Körper, sich immer leichter und leichter zu fühlen, als würde er schwerelos werden, allmählich dahinschmelzen und eins mit der Natur werden. Was übrig bleibt, ist Ihr Bewusstsein, ein Gefühl der Einheit mit der Gesamtheit des Universums und der positiven Energie darin.

Schritt 4: Akzeptieren Sie dieses Gefühl des Friedens und der Ruhe und weiten Sie es aus

Als Nächstes konzentrieren Sie sich auf die Körpermitte, die sich etwa zwei Finger breit oberhalb des Bauchnabels befindet. Konzentrieren Sie sich einfach mit anhaltender Aufmerksamkeit auf diesen Bereich Ihres Körpers - wie eine Feder, die vom Himmel fällt, um auf einer ruhigen Oberfläche eines Sees zu ruhen.

Stellen Sie sich vor, wie weich und leicht die Feder ist, wenn sie die Wasseroberfläche berührt. Stellen Sie sich vor, wie weich und leicht Sie sich fühlen würden, wenn Sie diese Feder wären. Halten Sie das Gefühl der Entspannung fest und konzentrieren Sie Ihren Geist auf die Mitte Ihres Körpers. Sobald Sie Ihren Körper zentriert haben, beginnen Sie langsam und sanft, sich ein neutrales Objekt vorzustellen, auf das sich Ihr Geist konzentrieren kann, damit er nicht wandert. Der Mond, die Sonne, die Flamme einer

Kerze oder die Wellen an einem Sandstrand sind eine gute Wahl. Aber ganz egal, welches Objekt sie sich vorstellen - jedes Objekt, das Ihnen das Gefühl von Ruhe, Frieden und Zufriedenheit vermittelt, wird funktionieren.

Entspannen Sie sich und stellen Sie sich einfach das Objekt vor, das in der Mitte Ihres friedlich ruhenden Körpers verweilt. Es spielt keine Rolle, ob Sie es sich deutlich vorstellen können oder nicht. Denken Sie ständig an das von Ihnen gewählte Objekt und lassen Sie Ihre Gedanken nicht abschweifen.

Eine andere Möglichkeit, den Geist zu fokussieren, ist das Rezitieren eines kurzen, beruhigenden Satzes. Dies nennt man ein Mantra. Sprechen Sie die gewählte Phrase sanft in Ihrem Geist und lassen Sie die Worte in der Mitte des Gegenstandes, den Sie sich vorstellen, also in der Mitte Ihres Körpers, mitschwingen. Konzentrieren Sie sich auf das Objekt und den Satz, bis Ihr Geist still ist.

Schritt 5: Widerstehen Sie äußeren Gedanken

Wenn Ihr Geist völlig still ist, möchten Sie vielleicht einfach nur still sein, ohne dass Ihr Geist an etwas denkt oder Ihr Mantra rezitiert. Sobald Sie die Stille erreicht haben, ist es in Ordnung, dies zu tun. Wenn Sie Ihr Gefühl der meditativen Ruhe verlieren, gehen Sie einfach einen Schritt zurück und setzen Sie das beruhigende Bild und das Mantra erneut ein, bis Sie das Gefühl der Ruhe und des Friedens in Ihrem Körper wieder spüren.

Tun Sie nichts, was darüber hinausgeht. Lassen Sie Ihren Geist neutral gegenüber den Gedanken sein, die versuchen, in Ihr sorgfältig konstruiertes Gefühl der Ruhe einzudringen. Beobachten Sie alle neuen Gedanken mit einem ruhigen Geist. Denken Sie daran, sich zu entspannen und die Gedanken ohne Beurteilung vorbeiziehen zu lassen. Beobachten Sie einfach weiter und denken Sie an nichts Bestimmtes.

Wenn Sie dies richtig tun, wird die Meditation leicht und bequem. Bald werden Sie in der Lage sein, mühelos in diesen Zustand zu gelangen. Ihr Geist wird in einen Zustand der Klarheit, Ruhe und Zufriedenheit eintreten und Ihnen die Gelegenheit geben, wahres inneres Wissen durch Ihre Psyche zu erlangen.

Schritt 6: Senden Sie Ihre positive Energie in die Welt hinaus

Positive Energie mit anderen zu teilen, verbreitet Freude und Mitgefühl in der ganzen Welt. Wir befinden uns aber nicht immer in einem emotionalen oder physischen Zustand, um dies anderen bieten zu können. Nach der Meditation jedoch befinden sich unser Geist und unser Körper in einem Zustand der Positivität, den man teilen sollte.

Zu den Vorteilen des Teilens von Freundlichkeit und anderen Formen positiver Energie gehört es, ein glückliches Gefühl von uns selbst auf andere auszustrahlen und es zu uns zurück reflektieren zu lassen. Wir können positive Energie, wie Liebe und Freundlichkeit, mit der Welt teilen, indem wir Folgendes tun:

Bevor Sie Ihre Meditationssitzung beenden, wenn Ihr Geist friedvoll und ruhig ist, werden Sie vielleicht von Glücksgefühlen erfüllt sein. Konzentrieren Sie Ihren Geist auf das Zentrum Ihres Körpers, wo Sie wahre Liebe und gute Wünsche empfinden. Stellen Sie sich dann vor, diese guten Gefühle zu einer hellen Kugel zu verdichten. Stellen Sie sich vor, diese Sphäre oder dieser „Liebesball" dehnt sich mühelos in alle Richtungen aus, von Ihrem Körper weg, und stellen Sie sich dann vor, dass sie auf Ihrem Weg jeden berührt, während sie sich ausdehnt.

Zusammenfassung des Kapitels

Sie haben nun eine bessere Vorstellung darüber, wie Sie mit der altbewährten Meditationspraxis beginnen können. Benutzen Sie sie, um Ruhe und Frieden in Ihren Geist und Körper zu bringen. Meditation hat sich über Jahrhunderte hinweg als wirksames Mittel zur Bewältigung von Ängsten und Stress erwiesen. Das Erreichen von Stille und einem klaren Geist befreit uns von den negativen Auswirkungen unserer Ängste. Darüber hinaus kann Meditation erhebliche positive Auswirkungen auf die Gesundheit haben, darunter die Senkung des Blutdruckes und die Verbesserung der Blutzirkulation.

Wenn Sie sich auf die Meditation vorbereiten, gibt es einige Dinge, die vorab hilfreich sein können. Zum Beispiel:

1. Wählen Sie einen bequemen und ruhigen Platz zum Sitzen.
2. Wählen Sie den Gegenstand, den Sie als Objekt für Ihren Fokus verwenden werden.
3. Wählen Sie einen Satz oder ein Mantra, das Sie sich selbst wiederholt vortragen, z. B. „Klar und hell" oder „Schöne Welt".

Zusammenfassung der Schritte zur erfolgreichen Meditation

1. Nehmen Sie die meditative Haltung ein und sitzen Sie bequem mit ruhenden Händen.
2. Entspannen Sie Ihren Körper und dann Ihren Geist.
3. Nehmen Sie einen zentralen Bereich Ihres Körpers wahr und konzentrieren Sie sich darauf. Dann stellen Sie sich vor, dass Ihr Objekt, auf welches Sie sich fokussiert haben, sanft dort ruht.
4. Bringen Sie Ihren Körper und Ihren Geist zu einem Punkt der Ruhe, Stille und des Friedens. Denken Sie an nichts. Wenn Ihr Geist abgelenkt wird, sprechen Sie Ihr Mantra oder stellen Sie sich Ihr Objekt vor, welches Sie fokussiert haben.
5. Bevor Sie aufstehen, bemühen Sie sich bewusst darum, Ihre positive Energie von sich selbst auf die ganze Welt auszubreiten.

6. Stehen Sie vorsichtig und langsam auf. Atmen Sie tief ein und setzen Sie Ihren Tag fort.

Jetzt, da Sie wissen, wie man meditiert, werden Sie alle Vorteile erfahren können, die dies für Ihr Leben bringen kann. Nutzen Sie sie, um sich zu beruhigen und Ihren Geist zu klären. Sie werden feststellen, dass die Ruhe, die Sie während der Meditation erlangen, auf Ihr gesamtes Leben überspringt.

Im nächsten Kapitel erfahren Sie mehr darüber, wie Sie sich an einen Therapeuten oder eine andere psychosoziale Fachkraft wenden können.

KAPITEL 10:

Tipps, wenn Sie eine Therapie in Anspruch nehmen möchten

In diesem Buch haben wir uns auf Dinge konzentriert, die Sie aktiv tun können, um Ihren persönlichen Kampf gegen die Angst anzugehen. Wie Sie erfahren haben, kann sich Angst in Nervosität, Selbstzweifel, Sorgen und übermäßigem Nachdenken ausdrücken und negative Begleiterscheinungen beinhalten, darunter Übelkeit, Schweißausbrüche und Panikattacken. Wenn Sie Ihre Auslöser und die zugrundeliegende Ursache Ihrer Angst verstehen, kann es möglich sein, in ihre Muster einzugreifen, Ihre Symptome zu reduzieren und Freude, Frieden und Ruhe zu finden.

Wenn die überwältigenden und immer wiederkehrenden Symptome der Angst einen signifikant negativen Einfluss auf Ihr Leben haben, ist es an der Zeit, Hilfe von außen zu suchen. In Kapitel 1 haben Sie unter anderem etwas über Angststörungen, wie posttraumatische Belastungsstörungen, soziale Angststörungen und generalisierte Angststörungen, gelernt. Manchmal gelingt es uns nicht, unsere Symptome und Grunderkrankungen alleine zu bewältigen, und jene Ergebnisse zu erzielen, die wir uns wünschen. Wenn dies geschieht oder wenn Sie sich in einem Zustand erdrückender Verzweiflung befinden und nicht imstande sind, die negativen Auswirkungen von Angstzuständen auf Ihre geistige und körperliche Gesundheit zu bewältigen, ist es an der Zeit, zusätzliche professionelle Hilfe bei der Bewältigung Ihrer Erkrankung in Anspruch zu nehmen.

Fühlen Sie sich nicht schlecht und kritisieren Sie sich nicht selbst, weil Sie Hilfe brauchen. Es ist ein Zeichen von emotionaler Reife, zu erkennen, dass man eine Therapie benötigt, diese zu suchen und durchzuführen. Professionelle Therapeuten können eine Reihe von Hilfsmitteln einsetzen, um Sie zu unterstützen. Es gibt viele Therapieformen, aber am häufigsten wird Ihnen eine Gesprächstherapie, eine medikamentöse Behandlung oder beides angeboten.

Wie drückt sich Ihre Angst aus?

Für jeden Angstpatienten ist es wichtig, den Prozess zu verstehen, der bei der Diagnose eines psychischen Krankheitszustandes abläuft. Die zugrundeliegenden Ursachen Ihrer Erkrankung sind möglicherweise einzigartig für Sie, und Sie können verstehen oder auch nicht, was Ihre Angst auslöst.

Menschen zeigen ihre Ängste auf verschiedene Art und Weise. Manche Menschen werden extrem gesprächig, aber man versteht sie nicht wirklich. Vielleicht sind sie auf bestimmte Dinge fixiert. Andere Menschen ziehen sich zurück und isolieren sich. Sogar Personen, die normalerweise kontaktfreudig erscheinen, können ängstlich werden und sich zurückziehen. Allzu oft wird die Angst einer Person durch aufdringliche und zwanghafte Gedanken verursacht. Daher kann sich diese Person oft verwirrt fühlen oder es als schwierig empfinden, sich zu konzentrieren. Manche Menschen können sich unruhig fühlen und viel nervöse Energie haben, während andere sich regelmäßig krank und depressiv fühlen. All dies sind wichtige körperliche Anzeichen für Angstzustände. Andere körperliche Angstsymptome können sich durch angespannte Muskeln und Bluthochdruck ausdrücken. Auch Zittern und Schweißausbrüche können häufig auftreten. Zudem können Angstzustände Verdauungsprobleme, Atembeschwerden, Herzrasen, Schlaflosigkeit oder Schwindel verursachen.

Wenn Sie sich über Ihre Symptome Sorgen machen, Sie Ihre Angst mit den Hilfsmitteln dieses Buches nicht reduzieren können oder wenn Sie bis zur Verzweiflung überfordert sind, sollten Sie einen Arzt aufsuchen. Arbeiten Sie mit einer Fachperson zusammen, um einen Behandlungsplan für Ihre Angstzustände zu entwickeln. Sobald Sie sich für eine Therapie entschieden haben, müssen Sie eine psychosoziale Fachkraft finden, mit ihr zusammenarbeiten und das Bestmögliche daraus machen.

Tipps zur Zusammenarbeit mit einem Therapeuten

Die Überlegung, eine Therapie in Anspruch zu nehmen, mag Unsicherheit auslösen. Was werden Sie mit dem Therapeuten besprechen? Sind Sie fähig, ehrlich zu sein? Ist es möglich, zu wissen, ob Sie Fortschritte machen? Bevor Sie Ihre Entscheidung treffen, müssen Sie sich über Ihre Absicht, Hilfe zu suchen, im Klaren und auch offen dafür sein, sie anzunehmen. Nehmen Sie sich etwas Zeit, um Ihre Gefühle und Überzeugungen gegenüber eines Therapeuten zu analysieren. Wenn Sie den Glauben haben, dass „ein Seelenklempner nur über einen Haufen emotionaler Dinge redet, was mir ohnehin nicht helfen wird", dann werden Sie wahrscheinlich nicht offen genug sein, um die Hilfe anzunehmen, die Ihnen angeboten wird. Wenn Sie Schwierigkeiten haben, mit anderen Menschen zu interagieren, ist eine Gruppentherapie für Sie möglicherweise nicht effektiv. Es könnte sein, dass Sie eine intensive Einzelberatung benötigen oder wünschen. Möglicherweise denken Sie über Medikamente nach oder benötigen diese, um Ihre Symptome wirksam zu behandeln. Vielleicht benötigen Sie sowohl Medikamente zur Bewältigung Ihrer Symptome als auch eine Gesprächstherapie, die Ihnen hilft, die zugrundeliegende Ursache Ihrer Angst und die Auslöser Ihrer negativen Reaktionen zu verstehen.

Wählen Sie sorgfältig aus

Wenn Sie sich entschieden haben, professionelle Hilfe zu suchen, stehen Sie nun vor der Herausforderung, einen Praktiker zu finden, mit dem Sie zusammenarbeiten können. In einigen Fällen, wie z. B. bei verschreibungspflichtigen Therapeuten, werden Sie möglicherweise an den einzigen in Ihrer Gegend überwiesen oder an den einzigen, der derzeit neue Patienten annimmt. Arbeiten Sie mit demjenigen zusammen, an den Sie überwiesen werden und versuchen Sie, das Beste aus dieser Erfahrung zu machen. Stellen Sie Fragen über deren Tätigkeits- und Fachgebiete und darüber, wie sie typischerweise mit Fällen umgehen, die Ihrem gleichen. Scheuen Sie sich nicht davor, eine zweite Meinung einzuholen, aber scheuen Sie sich auch nicht, ihren Rat und die Medikamente, die sie Ihnen verschreiben, anzunehmen. Machen Sie jedoch Ihre Nachforschungen und stellen Sie sicher, dass Sie mit dem, was Sie über die von ihnen verschriebenen Medikamente erfahren, zufrieden sind und dass Sie sich bei der Arbeit mit dem Therapeuten sicher fühlen. Schauen Sie, ob es irgendeine Art von Rückmeldung über die jeweilige Praxis gibt. Denken Sie daran, dass sich ein Psychiater in der Regel auf die Verschreibung von Medikamenten konzentriert und möglicherweise überhaupt keine Formen der therapeutischen Gesprächstherapie praktiziert.

Wenn Sie mit einem Psychologen zusammenarbeiten möchten, haben Sie wahrscheinlich eine größere Auswahl. Es kann sein, dass Sie eine Überweisung bekommen oder dass Sie selbst einen Arzt suchen und auswählen müssen. Es ist wichtig, dass Sie einen Psychologen haben, bei dem Sie sich sicher fühlen und dem Sie vertrauen. Sie werden ihm Ihre persönlichsten Geheimnisse verraten und müssen das Gefühl haben, dass er auf Ihrer Seite steht. Wählen Sie einen Therapeuten sorgfältig aus. Scheuen Sie sich nicht, mit ihm oder ihr zu telefonieren und fragen Sie ihn oder sie nach seinen oder ihren Erfahrungen mit der Beratung von Angstpatienten. Fragen Sie, welche Art von Methoden sie anwenden oder welche Art von Praxis sie haben. Sind sie zum Beispiel Anhänger der Freud'schen Methoden oder praktizieren sie moderne Techniken, wie die kognitive Verhaltenstherapie, die Klopftherapie oder die Kunsttherapie? Arbeiten sie typischerweise mit Menschen, die ähnliche Trauma-Arten durchgemacht haben, wie Sie? Befinden sie sich an einem Ort, den Sie bequem erreichen können? Haben sie Bürozeiten, die sich mit Ihrem Zeitplan vereinbaren lassen? Gibt es dort Gebühren, die Sie sich leisten können? Wenn Sie sich nach Ihren ersten Erkundigungen mit dem, was sie Ihnen anbieten können, einigermaßen wohlfühlen, sollten Sie in Erwägung ziehen, an drei Therapiesitzungen teilzunehmen, um zu sehen, wie Sie sich dabei fühlen. Möglicherweise brauchen Sie viele Sitzungen, um große Fortschritte zu erzielen, aber vielleicht stellen Sie auch fest, dass Sie sich in sehr kurzer Zeit sprunghaft verbessern. Jeder hat eine einzigartige und persönliche Erfahrung mit der Therapie und sie soll auf Ihre spezifische Situation zugeschnitten sein. Da der Therapeut wahrscheinlich mit vielen anderen Menschen zusammengearbeitet hat, die ebenfalls unter Angstzuständen leiden, kann er Ihnen natürlich viele nützliche Einsichten über Ihre Erkrankung geben und praktikable Möglichkeiten anbieten, sowohl kurz- als auch langfristig damit umzugehen und zurechtzukommen.

Planen Sie Ihre Sitzungen zu dem Zeitpunkt, der für Sie günstig ist

Suchen Sie sich für Ihre Therapie keinen Zeitpunkt aus, der Ihnen zusätzlichen Stress bereitet. Planen Sie Ihre Termine so, dass Sie in der Lage sind, ihnen Ihre volle Aufmerksamkeit zu widmen. Insbesondere sollten Sie es vollkommen vermeiden, Ihre Sitzungen zu planen, wenn Sie eigentlich arbeiten müssten oder wenn Sie wissen, dass Sie unter Zeitdruck stehen werden. Wenn Sie morgens nicht sehr kommunikativ sind und tagsüber viele Verpflichtungen haben, kann eine Sitzung, die mittags stattfindet, mehr schaden als nützen. Das liegt daran, dass diese Sitzungen emotional sehr intensiv sein können und Sie möglicherweise einfach nach Hause gehen und über Ihre Sitzung nachdenken möchten, nachdem Sie fertig sind. Wenn Sie durch all die Dinge, die Sie nach der Sitzung noch zu erledigen haben, abgelenkt sind, könnten Sie sich zu sehr auf diese konzentrieren, anstatt alle Erkenntnisse der Sitzung aufzunehmen. Andererseits kann der Therapeut Ihnen vielleicht kurzfristig nützliche Hilfsmittel geben, die Ihnen helfen, die Ängste dieses bestimmten Tages zu überwinden. In diesen Fällen konzentrieren Sie sich möglicherweise nicht auf die allgemeinen Ursachen Ihres Stresses, sondern auf Bewältigungsstrategien.

Wann immer es Ihnen möglich ist, sollten Sie in Erwägung ziehen, sich selbst Zeit und persönlichen Raum zu geben, um Ihre Therapie zu verarbeiten und zu reflektieren.

Lassen Sie während der Therapie alles heraus

Die meisten Menschen beginnen eine psychologische Therapie (Gesprächstherapie), indem sie sich selbst zensieren. Es ist schwierig, Verletzlichkeit zu zeigen und wir wollen vielleicht nicht verurteilt werden. Vielleicht schämen wir uns oder wir sind verärgert darüber, was wir durchgemacht haben. Vielleicht haben wir Angst davor, unsere Erlebnisse noch einmal in vollem Umfang zu erleben. Seien Sie versichert, dass die Therapie ein sicherer Ort sein wird. Es ist ein Ort, um über Dinge zu sprechen, die Sie vielleicht noch nie jemandem erzählt haben. Es ist ein sicherer Ort, um zu weinen. Es ist ein sicherer Ort, um Fragen über sich selbst zu stellen und darüber, warum Sie so sind, wie Sie sind.

Experten auf diesem Gebiet ermutigen Ihre Patienten, zu sagen, was sie wollen und kein Urteil zu fürchten. Die Rolle des Psychologen besteht darin, zuzuhören, ohne zu urteilen und Ihnen zu helfen, mit Ihren Gefühlen zurechtzukommen. Psychologen geben Ihnen Hilfsmittel, mit denen Sie Ihr Leben verbessern können. Auf diese Weise werden Sie jedes Mal Fortschritte machen, wenn Sie zur Therapie gehen.

Das Beste aus der Therapie herauszuholen, bedeutet nicht, dass Sie sich von Ihrer besten Seite zeigen oder nur über bestimmte Dinge sprechen sollen. Um das Beste aus der Therapie herauszuholen, müssen Sie authentisch sein. Sie müssen glauben, dass es ein positives Ergebnis geben wird, wenn Sie über die Dinge sprechen, die Ihnen passiert sind oder die Ihr Leben wesentlich beeinflusst haben. Sie müssen glauben, dass der Therapeut Möglichkeiten hat, Ihnen zu helfen, oder dass allein das Loslassen aller Emotionen an sich schon hilft. Auf diese Weise kann Ihr

Therapeut effektiver an Lösungen arbeiten, die Ihnen helfen werden, sich zu erholen.

Gehen Sie planmäßig vor

Das erste, was Sie bei der Buchung einer Sitzung tun sollten, ist, mit der Empfangsdame oder einem Verwaltungsangestellten zu klären, wie die Zahlung abgewickelt wird. Treffen Sie Vorkehrungen, damit Sie nicht auf dem Weg nach draußen bezahlen müssen, wenn Sie möglicherweise in Eile sind oder sich in einem verletzlichen emotionalen Zustand befinden.

Als Nächstes sollten Sie eine Liste der Probleme erstellen, mit denen Sie aktuell konfrontiert sind. Erinnern Sie sich daran, dass Sie eine Liste all der Dinge erstellt haben, die Ihnen Angst machen oder ängstliche Verhaltensweisen, wie Nervosität, aufdringliche Gedanken und Panik, hervorrufen? Wenn Sie es vorher nicht getan haben, machen Sie diese Liste jetzt. Wenn Sie die Liste erstellt haben, bringen Sie sie mit, wenn Sie zum Therapeuten gehen, um diese mit ihm zu besprechen. Sie tun Ihnen beiden damit einen großen Gefallen und erhöhen die Effizienz Ihres Behandlungsprozesses, da Sie keine Zeit damit verschwenden werden, gemeinsam herauszufinden, was Ihre Probleme sind. Eine gute Vorstellung davon zu haben, welche Symptome Sie haben und wie sich Ihre Angst manifestiert, gibt dem Therapeuten „etwas Handfestes, um weiterzumachen". Das kann dazu führen, dass der Therapeut Ihnen Fragen zu den Einzelheiten eines Ereignisses stellt oder dazu, wie Sie sich dabei gefühlt haben. Möglicherweise werden Sie gebeten, unangenehme Informationen über Ihre Erfahrungen preiszugeben. All dies ist ein Versuch zu verstehen, was die zugrundeliegenden Ursachen und Auslöser Ihrer Angst sind. Manchmal sind wir vielleicht wütend oder verärgert über unseren Therapeuten, weil er uns an einen emotional verletzlichen Ort gedrängt hat. Vielleicht haben Sie das Gefühl, dass es Ihnen nicht hilft, weil Sie keine unmittelbare Linderung Ihrer Symptome sehen oder fühlen. Scheuen Sie sich nicht, es Ihrem Therapeuten zu sagen. Therapeuten sind an diese Reaktionen gewöhnt, können

Ihnen den Prozess erklären, Sie zudem vielleicht sogar auf einige Verbesserungen hinweisen, die sie an Ihnen festgestellt haben und die Sie vielleicht selbst nicht bemerkt haben. Vielleicht haben Sie eine Frage zu dem, was Sie in der letzten Sitzung besprochen haben. Dies ist sowohl für Sie als auch für den Therapeuten besonders wertvoll, weil es bedeutet, dass Sie sich außerhalb der Sitzungen Gedanken über Ihre Therapie gemacht haben. Scheuen Sie sich nicht, Ihren Therapeuten zu bitten, etwas noch einmal zu erklären oder Ihnen Perspektiven zu dem zu geben, worüber Sie vielleicht nachgedacht oder was Sie nicht verstanden haben. Bringen Sie Ihre Bedenken oder Fragen zu Beginn der nächsten Sitzung vor. Auf diese Weise werden Sie Zeit haben, die Themen systematisch zu bearbeiten. In vielen Fällen wird dies das Verhältnis zwischen Ihnen stärken, da es zeigt, dass Sie sich aktiv an Ihrer Therapie beteiligen. Manchmal braucht eine Therapie Zeit, bis man alles durchgearbeitet hat. Es ist aber eine Arbeit, die sich lohnt und am Ende werden Sie viele Vorteile daraus ziehen.

Bleiben Sie beim Thema

Es ist entscheidend, sich selbst Grenzen zu setzen und sich während der Therapie an die wichtigen Themen zu halten. Es mag schwierig sein, „gleich zur Sache zu kommen", aber das ist es, wofür Sie bezahlen. Widerstehen Sie dem Drang, zu viel Smalltalk zu führen oder einfach nur die Ereignisse in Ihrem Leben seit dem letzten Termin durchzugehen. Machen Sie sich gleich an die Arbeit, nachdem Sie sich begrüßt und es sich bequem gemacht haben. Sprechen Sie darüber, was Sie seit dem letzten Termin beunruhigt hat. Was hat den Angstzustand ausgelöst und wie haben Sie sich gefühlt? Haben Sie es besser verkraftet als beim letzten Mal? Worüber haben Sie seit Ihrem letzten Termin nachgedacht? Wenn Sie sich nicht sicher sind, was Sie sagen sollen, lassen Sie sich vom Therapeuten Fragen stellen und beantworten Sie diese ehrlich. Wenn die Fragen Sie verärgern, weil sie Sie an Dinge denken lassen, die Sie an ein vergangenes Trauma erinnern, ist das in Ordnung. Sie sind da, um all Ihre Probleme herauszukristallisieren und dem Therapeuten dabei zu helfen, sie zu klären.

Betrachten Sie Therapie als Zusammenarbeit

Ich bin mir sicher, dass Ihnen jetzt klar geworden ist, dass eine Therapie ein interaktiver Prozess ist. Sie erfordert von Ihnen, dass Sie Ihre Erinnerungen und Gefühle ehrlich mit jemandem teilen, den Sie vor Beginn der Therapie vielleicht überhaupt nicht kannten. Sie müssen sich darauf verlassen können, dass Ihnen Ihr Therapeut hilft. Der Therapeut muss sich darauf verlassen können, dass Sie zu Ihrem Termin kommen und sich auf sinnvolle Weise beteiligen, damit er Ihnen helfen kann. Diese Zusammenarbeit ist ein Geben und ein Nehmen, das Ihnen große Kraft geben kann. Wenn diese Zusammenarbeit erfolgreich ist, wird sie Ihnen das Vertrauen und die Hilfsmittel geben, die Sie brauchen, um die Quellen Ihrer Angst anzugehen und Veränderungen in Ihrem Leben vorzunehmen, die es Ihnen ermöglichen, die Symptome Ihrer Erkrankung zu bewältigen. Drücken Sie sich und Ihre Bedürfnisse aus. Stellen Sie Fragen und lesen Sie zusätzliche Bücher oder Artikel, die Ihr Verständnis für Ihre Erkrankung fördern können.

Zusammenfassung des Kapitels

Wenn wir Angst haben, sind wir in der Lage, unsere Symptome selbst zu kontrollieren, indem wir unter anderem hilfreiche Techniken, wie Ablenkung, positive Selbstgespräche und Meditation, anwenden. Leider sind wir jedoch manchmal nicht dazu imstande, die Stressfaktoren in unserem Leben vollständig zu bewältigen und wir brauchen professionelle Hilfe, um unsere Probleme zu verstehen und wirksame Bewältigungsmechanismen zu entwickeln. Wenn Sie merken, dass Sie unter erdrückenden Angstzuständen leiden, sollten Sie einen Therapeuten aufsuchen.

Ein Psychiater und ein Psychologe sind unterschiedliche Therapeuten, obwohl manche Menschen auch beides sind. Ein Psychiater wird Ihnen Medikamente verschreiben, während ein Psychologe mit Ihnen über Ihre Probleme und mögliche Lösungen sprechen wird. Einige psychische Gesundheitsprobleme, z. B. solche, die durch chemische Ungleichgewichte im Gehirn verursacht werden, erfordern eine wirksame medikamentöse Behandlung. Eine richtige Diagnose ist wichtig. Sprechen Sie mit der Fachperson, zu der Sie Zugang haben und arbeiten Sie mit ihr zusammen, um ein Verständnis für Ihre Erkrankung zu entwickeln.

Stellen Sie sicher, dass Sie einen Weg einschlagen, der Ihnen keine zusätzlichen Ängste bereitet, wenn Sie medizinische Hilfe aufsuchen. Achten Sie darauf, dass Ihre Termine zu Zeiten vereinbart werden, zu denen Sie vorher und nachher nicht übermäßig mit anderen Dingen beschäftigt sind. Seien Sie ehrlich zu Ihrem medizinischen Betreuer und sagen Sie ihm alles, was Sie über Ihre Symptome, Auslöser und zugrundeliegenden Ursachen wissen. Während Sie über Ihr Leben und Ihre Symptome sprechen, wird Ihr Arzt eine Diagnose erstellen und Ihnen dabei helfen können, Hilfsmittel zu entwickeln, die Sie in Ihrem täglichen Leben unterstützen. Besprechen Sie Ihre Probleme auf ehrliche und kooperative Weise und bleiben Sie beim Thema. Wenn Sie sich nicht sicher sind, was Sie sagen sollen, lassen Sie Ihren Therapeuten Fragen stellen und antworten Sie ehrlich und vollständig. Holen Sie das Beste aus Ihren Sitzungen heraus, indem Sie sich in Achtsamkeit üben und sich ganz auf den Termin konzentrieren. Wenn Sie abgelenkt sind, sagen Sie Ihrem Therapeuten, warum Sie es sind. Es kann mit Ihrer Erkrankung zusammenhängen und ein Zeichen einer aktuellen Angstreaktion sein, bei der er Ihnen helfen kann.

Die Entscheidung, professionelle Hilfe in Anspruch zu nehmen, ist nicht immer einfach, aber wenn Sie das Gefühl haben, dass Sie den Rat von medizinischem Fachpersonal benötigen, dann wird das wahrscheinlich auch so sein! Informieren Sie sich zumindest darüber, welche Therapie Ihnen helfen könnte. Gehen Sie Ihre Therapie mit einem offenen Geist und der Bereitschaft zur offenen und kooperativen Zusammenarbeit mit dem Therapeuten an. Viele Menschen profitieren enorm von der Hilfe eines Therapeuten. Vielleicht werden Sie einer von ihnen sein.

FAZIT

In diesem Buch haben Sie etwas über Angstzustände gelernt und darüber, wie man sie bewältigen kann. Angst ist eine natürliche Reaktion auf Stress. Wenn Geist und Körper mit Stress konfrontiert sind, kann das Nervensystem dazu veranlasst werden, Adrenalin und Cortisol freizusetzen, was uns nervös und unfähig machen kann, mit Reizen umzugehen. Dies wird gewöhnlich durch die Angstreaktion des Körpers verursacht, die in uns das „Erstarren, Kämpfen oder Fliehen"-Verhalten auslöst. Die verschiedenen Auswirkungen von Stress können sich bei verschiedenen Menschen unterschiedlich ausdrücken. Angst kann einen schnellen Herzschlag, Hitze- oder Kältewallungen, nervöses Verhalten, Panik und Magen-Darm-Beschwerden verursachen. Einige Menschen können mit Stress und Angst sehr gut umgehen, aber für andere können sie eine lähmende Wirkung auf ihr Leben haben.

Im Verlauf dieses Buches haben wir alles besprochen, was Sie über Angst wissen müssen. Sie haben erfahren, wie sich Angst anfühlt, wodurch sie verursacht wird und was die häufigsten Symptome sind. Darüber hinaus sind wir auf einige der wichtigsten Angststörungen eingegangen, an denen manche Menschen leiden.

Sie haben auch eine Vielzahl von Hilfsmitteln und Techniken kennengelernt, um mit den Symptomen der Angst umzugehen. Wenn Sie in der Lage sind, die Auslöser für Ihre Angst zu erkennen, können Sie positive Selbstgespräche führen, Gedanken unterbrechen und sie umlenken. Eine Liste zu erstellen, mit dem, was Sie über Ihre Angst wissen, hilft Ihnen zu verstehen, was mit Ihrem Geist und mit Ihrem Körper geschieht. Hilfreich ist auch, eine Liste mit all den Dingen zu erstellen, die Ihnen Freude bereiten. Verpflichten Sie sich regelmäßig zu diesen Dingen. Es ist sehr wichtig, konzentrierte Anstrengungen zu unternehmen, um Freude in Ihr Leben zu integrieren und Ängste zu überwinden. Das aktive Streben nach Freude wird die Glückshormone, wie z. B. Endorphine, in Ihrem Körper erhöhen und Ihnen eine positive Erfahrung geben, auf die Sie später zurückgreifen können, um wieder Gefühle der Zufriedenheit oder Freude zu erwecken.

Seit Jahrhunderten haben Menschen verschiedene Formen der Meditation praktiziert, um Geist und Körper zu beruhigen. Setzen Sie sich bequem hin und klären Sie Ihren Geist mithilfe eines Mantras oder mithilfe von Gegenständen, auf die Sie sich fokussieren. Meditation ist ein wirksamer Weg, Stille zu praktizieren und Frieden und Ausgeglichenheit in Ihr Leben zu bringen.

Andere natürliche Mittel gegen Angstzustände sind Bewegung, eine gesunde Ernährung, ausreichender Schlaf und Kräuterzusätze. Ob es sich nun um das Üben von Achtsamkeit und Meditation oder um Bewegung und richtige Ernährung handelt, es gibt viele Möglichkeiten, Einfluss darauf zu nehmen, wie unser Körper auf Stress reagiert.

Wenn Sie unter lähmender Angst leiden und Ihnen die Techniken in diesem Buch keine Erleichterung bringen, können Sie von der Unterstützung professioneller psychiatrischer Fachkräfte oder Psychologen (oder beidem) profitieren. Es ist keine Schande, sich aktiv um die Hilfe zu bemühen, die Sie möglicherweise benötigen.

Unabhängig davon, welche Methode Sie anwenden, um Ihre Nervosität und Angst zu reduzieren: Das Wichtigste ist, dass Sie aktive Schritte zur Verbesserung Ihrer psychischen Gesundheit unternehmen. Denn das hat positive und gesunde Auswirkungen. Finden Sie Wege, sich selbst besser zu verstehen, Ihre Auslöser zu erkennen und dieses Verständnis gemeinsam mit Techniken zum Umgang mit Ängsten zu nutzen, um Ihr Glück zurückzugewinnen und Ihren inneren Frieden zu finden.

VERWEISE

American Psychiatric Association & Parekh, Ranna, M. D, M. P. H. (2017) What Are Anxiety Disorders? https://www.psychiatry.org/patients-families/anxiety-disorders/what-are-anxiety-disorders. (abgerufen 2020).

Barnett, Robert A. (2019). 19 Natural Remedies for Anxiety. https://www.health.com/health/gallery/0,,20669377,00.html. (abgerufen 2020).

Brady, Krissy (2019) 13 Signs You're Sabotaging Your Own Progress in Therapy. https://www.huffingtonpost.ca/entry/signs-sabotaging-therapy-progress_l_5d40ac12e4b0db8affafb0a2. (abgerufen 2020).

Calmer You (2018) What To Do During An Anxiety Attack. https://www.calmer-you.com/anxiety-attack/. (abgerufen 2020).

Cooke, Justine (2016) Using Mindfulness to Overcome Anxiety. Visions Journal. https://www.heretohelp.bc.ca/visions/mindfulness-vol12/using-mindfulness-to-overcome-anxiety. (abgerufen 2010).

Daskal, Lolly (o. J.) 10 Simple Ways You Can Stop Yourself From Overthinking. https://www.inc.com/lolly-daskal/10-simple-ways-you-can-stop-yourself-from-overthinking.html. (abgerufen 2020).

Ferreira, Mandy (2017) 14 Mindfulness Tricks to Reduce Anxiety. https://www.healthline.com/health/mindfulness-tricks-to-reduce-anxiety#1. (abgerufen 2020).

Gaiam (o. J.) Meditation 101: Techniques, Benefits, and a Beginner's How-To. https://www.gaiam.com/blogs/discover/meditation-101-techniques-benefits-and-a-beginner-s-how-to. (abgerufen 2020).

Gottern, Ana (2018) 11 Ways to Stop a Panic Attack. https://www.healthline.com/health/how-to-stop-a-panic-attack#happy-place. (abgerufen 2020).

Headspace. (o. J.) Meditation for Anxiety. https://www.headspace.com/meditation/anxiety. (abgerufen 2020).

Henriques, Gregg, Ph. D. (2015) What is Mindfulness and How Does It Work? https://www.psychologytoday.com/ca/blog/theory-knowledge/201502/what-is-mindfulness-and-how-does-it-work. (abgerufen 2020).

Holland, Kimberly (2018) Everything You Need to Know About Anxiety. Healthline. https://www.healthline.com/health/anxiety. (abgerufen 2020).

Hovitz, Helaina (2018) Some Simple Ways to Turn Anxiety Into Excitement. https://greatist.com/live/how-to-turn-anxiety-into-excitement#3. (abgerufen 2020).

Jaworski, Margaret (o. J.) Living with Anxiety: How to Cope. https://www.psycom.net/living-with-anxiety/#anxiety-mind-andm. (abgerufen 2020).

Khuu, Cung (2018) How to Instantly Turn Anxiety into Excitement. https://medium.com/publishous/how-to-instantly-turn-anxiety-into-excitement-2c6c9495bc1. (abgerufen 2020).

Kind, Shelly und Hofmann, Stefan G. (o. J.) Facts about the effects of mindfulness. https://www.anxiety.org/can-mindfulness-help-reduce-anxiety. (abgerufen 2020).

Li, Qing, Dr. (2018) Forest Bathing is Great for Your Health. Here's How to Do It. https://time.com/5259602/japanese-forest-bathing/. (abgerufen 2020).

Livni, Ephrat (2016) The Japanese practice of 'forest bathing' is scientifically proven to improve your health. https://qz.com/804022/health-benefits-japanese-forest-bathing/. (abgerufen 2020).

Matthews, Dan, CPRP (2020) 15 Ways to Stop Overthinking and Worrying About Everything. https://www.lifehack.org/articles/communication/how-to-stop-overthinking-everything.html. (abgerufen 2020).

Mayo Clinic, Anxiety Disorders. https://www.mayoclinic.org/diseases-conditions/anxiety/symptoms-causes/syc-20350961. (abgerufen 2020).

Mays, Mitchell, Dr. (Mindful Staff (2019) How to Meditate. https://www.mindful.org/how-to-meditate/. (abgerufen 2020).

Moffitt, Debra (o. J.) Nine Simple Practices to Embrace Joy. https://www.beliefnet.com/wellness/personal-growth/nine-simple-practices-to-embrace-joy.aspx. (abgerufen 2020).

Perelman School of Medicine (o. J.) Generalized Anxiety Disorder. https://www.med.upenn.edu/ctsa/general_anxiety_symptoms.html. (abgerufen 2020).

Risher, Brittany (2018) This Is When to See a Mental Health Professional About Your Anxiety. https://www.self.com/story/when-to-see-professional-anxiety. (abgerufen 2020).

Roselle, Tom, Dr. (2017) 19 Natural Remedies for Anxiety. https://www.drtomroselle.com/19-natural-remedies-anxiety/. (abgerufen 2020).

Spiritual Progress Guide Admin (2015) Meditation for Inner Peace. http://spiritualprogressguide.com/blog-post/meditation-for-inner-peace. (abgerufen 2020).

Tartakovsky, Margarita, M. S. (2018) Therapists Spill: 10 Tips for Making the Most of Therapy. https://psychcentral.com/lib/therapists-spill-10-tips-for-making-the-most-of-therapy/. (abgerufen 2020).

U.S. Department of Health and Human Services (o. J.) What are the five major types of anxiety disorders? https://www.hhs.gov/answers/mental-health-and-substance-abuse/what-are-the-five-major-types-of-anxiety-disorders/. (abgerufen 2020).

Wehrenberg (2005) 10 Best-Ever Anxiety-Management Techniques. https://www.psychotherapynetworker.org/magazine/article/774/10-best-ever-anxiety-management-techniques. (abgerufen 2020).

Werner, Carly (2019) I'm Afraid of the Future. How Can I Enjoy the Present? https://www.healthline.com/health/fear-of-the-future#1. (abgerufen 2020).

Wikipedia (2020) Jon Kabat-Zinn. https://en.wikipedia.org/wiki/Jon_Kabat-Zinn. (abgerufen 2020).

BONUSHEFT

Als Beilage zu diesem Buch erhalten Sie ein kostenloses E-Book zum Thema „14 Tage Achtsamkeit".

In diesem Bonusheft entdecken Sie bewährte Achtsamkeitstechniken, die Sie in Ihrem Alltag problemlos anwenden können, um mehr im gegenwärtigen Moment zu leben. Sie werden damit täglich mehr Ruhe und Frieden in Ihr Leben bringen.

Sie können das Bonusheft folgendermaßen erhalten:

Öffnen Sie ein Browserfenster auf Ihrem Computer oder Smartphone und geben Sie Folgendes ein:

de.derickhowell.com

Sie werden dann automatisch auf die Download-Seite geleitet.

Bitte beachten Sie, dass dieses Bonusheft nur für eine begrenzte Zeit zum Download verfügbar ist.

www.ingramcontent.com/pod-product-compliance
Lightning Source LLC
Chambersburg PA
CBHW071353080526
44587CB00017B/3086